深圳大学师范学院学术创新文库

CYBER POPULAR SCENIC AREAS AND CITIES :
FORMATION, CREATION AND CASE STUDIES

刘杰武◎著

网红景区和网红城市：
形成、打造、案例分析

中国旅游出版社

项目策划：段向民
责任编辑：张芸艳
责任印制：谢　雨
封面设计：何　杰

图书在版编目（CIP）数据

网红景区和网红城市 ：形成、打造、案例分析 / 刘杰武著．-- 北京 ：中国旅游出版社，2019.6（2022.6 重印）
（深圳大学师范学院学术创新文库）
ISBN 978-7-5032-6278-4

Ⅰ．①网… Ⅱ．①刘… Ⅲ．①旅游市场－市场营销学－研究 Ⅳ．①F590.8

中国版本图书馆 CIP 数据核字（2019）第 121340 号

书　　名：网红景区和网红城市：形成、打造、案例分析

作　　者：刘杰武著
出版发行：中国旅游出版社
（北京静安东里 6 号　邮编：100028）
http://www.cttp.net.cn　E-mail:cttp@mct.gov.cn
营销中心电话：010-57377108，010-57377109
读者服务部电话：010-57377151
排　　版：北京旅教文化传播有限公司
经　　销：全国各地新华书店
印　　刷：北京明恒达印务有限公司
版　　次：2019 年 6 月第 1 版　2022 年 6 月第 2 次印刷
开　　本：720 毫米 ×970 毫米　1/16
印　　张：13.25
字　　数：248 千
定　　价：49.80 元
I S B N　978-7-5032-6278-4

前 言

2018年是改革开放40年，中国旅游业从改革开放之初的事业单位已经发展为一个出游人数超过50亿人次、年收入超过5.4万亿的大产业。中国旅游业走过的每一步都是开拓与奋进，这里面有着行业内外诸多的前辈不断总结，行业同人的砥砺前行。2018年3月，国务院宣布文化部和国家旅游局共同组建文化和旅游部，文旅产业的新篇章从此揭开。在这新的篇章中，会出现更多的新事物、新现象、新产业，而网红景区就是2018年最亮眼的一种新现象。

2018年是我国新媒体迭代的关键一年，一方面，新媒体的主要适用人群——新生代开始崛起，他们在社会的各个领域发声，尤其在消费领域的表现让人们不得不正视他们的存在；另一方面，由于新生代使用习惯的变化，推动了新媒体的迭代发展，微信在2017年达到巅峰后停滞发展，今日头条及今日头条下的抖音引领了短视频的飞速发展，带动了新社交前行，小红书脱颖而出，知乎、马蜂窝逐渐停滞，媒体迭代带来了巨大的传播效应。因为新生代的社群话题总离不开娱乐、旅游、美食、运动等领域，网红景区就随着这些新媒体的崛起而层出不穷。

网红景区是一种全新的现象，许多业内同人还在惊诧于为何会有那么多的景区一夜爆红，还在为网红景区的出现而口诛笔伐，另一部分已经享受红利的景区运营者已经在默默探索网红景区出现的规律，积极利用网红景区的效应来更好地为景区运营服务。

在全域旅游如火如荼的发展背景下，一部分城市苦于无法传递出自己城市形象，另一部分城市却仿若一夕蹿红，不但吸引了全国的关注，随之而来的旅游者也让当地很好地享受了网红城市的福利，打造网红城市成为许多地方想追求却又无法得其门而入的美事。

本书的研究就是在此背景下产生的，一方面紧跟旅游的时代热点，从旅游学科及跨学科的视角来解释网红景区及网红城市是什么，让人们能从已有的误解中解脱出来；另一方面也归纳总结这些网红景区、网红城市出现的规律与特点，帮助业内实践者去把握网红景区与网红城市的本质，从而利用已有资源为运营服务。

本书的写作从2018年4月开始，从关注新生代的消费到一步步发现网红景区及网红城市背后的影响主体、影响机制，从总结网红景区及网红城市的现象、特征，到一步步探讨网红景区及网红城市打造的机制，再到案例，逐步完善了网红景区与网红城市研究的体系，经历了一个由浅入深、由表及里的研究过程。写作期间本书的文章一直在自己的公众号“博看文旅”持续更新，引起了较大的反响，业界、学界、政府等在数据获取、思路拓展、实地考察方面都给予了极大的帮助，这些帮助让本书更加接近实战实操，也更具有延展性。

本书共分为五章，第一章主要是从新生代崛起和旅游传播性崛起的背景下探析网红景区和网红城市的出现。第二章主要论述网红景区及网红城市是什么，特征是什么，它们为什么会成为网红。第三章主要从实际操作层面论述网红景区和网红城市是如何打造的。第四章重点论述了当下最流行的六种网红项目的应用与测算。第五章列举了当前有名的网红项目及网红城市，并深入分析了它们的“网红”之路，印证了“网红景区和网红城市”打造的实际操作手法。

本文是一本时效性非常强的著作，体现了本阶段对“网红景区和网红城市”研究的阶段性成果，希望本书的观点及成果能够对业内诸位同人有一定的启示！

作为写在此书最前面的一些话，在此感谢各位曾经帮助过我的前辈、师长、同人、好友，感谢为本文提出宝贵意见的读者们，谢谢你们的一路扶持，让此书得以出版。

谢谢！

刘杰武

2019年1月27日于荔园

目 录
CONTENTS

第一章

网红景区与网红城市初步探析

第一节　新生代崛起，时代变革下的旅游发展思考

《头号玩家》是由史蒂文·斯皮尔伯格执导，扎克·佩恩、恩斯特·克莱恩编剧的一部科幻冒险片，改编自恩斯特·克莱恩同名小说，讲述2045年，由于现实生活无趣，无数年轻人迷失在一款超级火爆的游戏《绿洲》的世界里，由此引发的主角韦德在现实与生活中的双重冒险。该片于2018年3月30日在中国内地与北美同步上映，上映即得到豆瓣网9.1分（满分10分）的评分（见图1–1），成为年度现象级的产品已经不在话下。

头号玩家 Ready Player One (2018)

导演: 史蒂文·斯皮尔伯格
编剧: 扎克·佩恩 / 恩斯特·克莱恩
主演: 泰伊·谢里丹 / 奥利维亚·库克 / 本·门德尔森 / 马克·里朗斯 / 丽娜·维特 / 更多...
类型: 动作 / 科幻 / 冒险
官方网站: readyplayeronemovie.com
制片国家/地区: 美国
语言: 英语
上映日期: 2018-03-30(中国大陆) / 2018-03-11(西南偏南电影节) / 2018-03-29(美国)
片长: 140分钟
又名: 玩家一号 / 挑战者1号(港) / 一级玩家(台) / 一号玩家
IMDb链接: tt1677720

豆瓣评分
9.1 ★★★★★
104135人评价
5星 64.1%
4星 29.6%
3星 5.6%
2星 0.5%
1星 0.2%

好于 99% 科幻片
好于 99% 动作片

图1–1　《头号玩家》豆瓣评分截图

（来源：豆瓣网，https://movie.douban.com/subject/4920389/）

电影的内容、表现手法及相关现象仁者见仁、智者见智，但是由《头号玩家》所引发的消费现象及展现的时代意义，却不可小视，它反映出时代变革已势不可当。对于旅游业而言，在时代大变革下，未来如何发展，引人深思。

一、VR 的大时代即将来临

《头号玩家》影片中，现实世界是单调乏味而无奈的，但它构建了一个宏大的虚拟世界“绿洲”。在“绿洲”世界中，大到宇宙天体、小到微粒尘埃，具象而宏伟的虚拟世界让人沉浸其中，线上线下紧密相连，现实中人人佩戴 VR 装备，生活用度可以从虚拟世界获得并兑现，这就是 VR（Virtual Reality，虚拟现实）的时代。

对照我们现在的时代，VR 的发展也是一日千里，根据易观智库的预测，至 2020 年全球的 VR 市场规模将达到 404 亿美元。VR 这一 20 世纪 50 年代诞生的概念，已然走入现实，随着 VR 技术的进一步发展，VR 装备的升级换代，VR 对各个领域的渗透在加快步伐，我们即将见证一个 VR 大时代的到来，《头号玩家》的“绿洲”世界或许会比电影预设的年代来得更早。

对于旅游而言，这种赤裸裸的威胁不仅仅体现在影片中，而且也将变现在现实中。视频技术的兴起产生的视频电话会议，引起商务旅游频次的下降就是前车之鉴。在《头号玩家》影片中，“绿洲”世界的真实、宏大、自由、超越想象的体验及超越感官的享受，带来的是现实世界中绝大部分的人流连忘返，沉醉不知归路。这是 VR 发展带来的可以预知的未来，对于同样强调体验感的旅游来说算是巨大的威胁；如果旅游的体验、感官不能超越 VR 世界，闲暇时间将被更多地用于 VR，而非旅游，旅游产业的萎缩就将不可避免，这是行业的未来危机。“宅男宅女”这样的人群日渐增长，就是这类威胁在当下的实际体现。“宅”而不去旅游，直接带来的是对旅游的致命打击。

与未来的替代性趋势相比，VR 带给旅游行业的现阶段的影响，体现为加剧旅游企业间的竞争及加速主题公园的升级。

目前 VR 渗入旅游业中，带来的是线上体验，这些尝试增强了旅游景区景点的竞争力，提高旅游在线上的宣传力度与客户黏性。例如，故宫、敦煌等景区都建立了 3D 的 VR 场景游览，有助于消费者提前感受景区，从而增加揽客能力。

VR 带给主题公园的则是即时消费，VR 营造的逼真的 3D 世界与相关 VR 辅助设备的结合，带来的是从视觉、听觉到触觉的多感官刺激，从而形成主题公园的全新体验，进而带来强劲的市场增长。例如，The Void 在全球已经开设两家 VR 主题公园，每 20 分钟 34 美元的消费带来了强大的盈收能力，让它开始向传统的主题公园发起挑战。而将 VR 场景运用于增强现实体验，如营造《地心历险》的熔岩及怪物效果、制造逼真的史前生物场景等的运用已经比比皆是。未来的主题公园在 VR 体验与 VR 设备更新方面的速度将会大大加快，它的体验新鲜度将很大程度上影响到主题公园的存续。再往后畅想，类似 The Void 这样的企业的出现，事实上已经是主题公园沦为 VR 的场地支持商的角色证明，未来的主题公园与类似“绿洲”世界的两种世界（虚拟与现实）融合将成为主流。游客在 The Void 开设的 VR 主题公园中的体验照如图 1–2 所示。

图 1–2　游客在 The Void 开设的 VR 主题公园中的体验照

（来源：视觉中国）

二、游戏的生意在壮大

《头号玩家》彰显的第二方面力量是游戏生意的壮大，是二次元文化的发声。NEWZOO 在 2017 年 8 月发布的《全球游戏市场报告》显示，2017 年全球游戏玩家达 22 亿，带动游戏市场消费达 1089 亿美元，其中中国以 275 亿美元的游戏市场收入占据榜首。尽管发展游戏产业的争议巨大，但它依然增速迅猛，游戏本身火爆的同时，也带动诸如移动设备、游戏装备、视频直播、线下产品等一系列产业的发展，使得游戏产业的版图不断壮大。

游戏的生意在壮大，游戏的群体在扩张，据中国互联网络信息中心（CNNIC）在 2018 年 2 月发布的《中国互联网络发展状况统计报告》显示，截至 2017 年 6 月，中国网民规模达到 7.51 亿，半年增长率为 2.7%，网络游戏用户规模达到 4.22 亿，较上年年底增长 460 万，占整体网民的 56.1%。如此庞大的人群市场、飙升的用户，使得这一群体产生的任何流量变现都不容小视。

对于旅游而言，游戏产业对旅游有竞争、也有借鉴和助益，竞争是未来的，而借鉴和助益却是现实的。从借鉴来看，游戏对节奏的把控、心理的揣摩、愉悦的发掘都堪称经典，游戏人群之所以沉迷游戏不仅仅是自制力的问题，游戏对人性的精准把控臻至完美也是重要原因。在旅游的开发中，旅游是空间变幻的实景体验，起承转合步步关键，如果旅游产品能够借鉴游戏产业对人性的把控，使得旅游体验能够更加细化、对节奏的把握更加到位，那么提高旅游消费就不在话下了。如果做不到，那么游戏产业迟早是旅游直接竞争对手，因为人的闲暇是有限的，游戏时间多则旅游时间少，靠游戏来替代旅游就成了现实必选项。

目前阶段，游戏产业带给旅游的助益也有很多，其中最直接的就是游戏人群的流量转换，打游戏送旅游，从游戏端口引流，在现在已经是一条切切实实的流量转换途径，能够带给景点景区的大批忠实游戏粉。此外，游戏产业也为旅游带来了 IP 主题，经典游戏落地的主题公园在现实中越来越多，其忠实粉丝在实实在在地进行着相关的旅游消费。

三、新生代消费群体彰显力量

《头号玩家》在豆瓣网 9.1 的得分是如何来的？它的排片量并不大，在放映前观影中，美国媒体仅给出 83 分（总分 100）的评分，但是在中国放映后，口碑却迅速逆袭，拥有 10 万 + 的豆瓣网评论背景下，最初 9.2 分的评价使其成为今年电影市场的绝对亮点。那么，是谁托起了它的口碑与市场？是新生代的消费群体！

根据豆瓣网、猫眼等软件及网站统计，《头号玩家》从观影片场来看，年轻人占据主流，而且年龄大多数在 25 岁以下。可以说《头号玩家》是“90 后”“00 后”的新生代群体开始彰显自身的消费力量，并开始争夺世界的话语权的体现。问题是，作为旅游行业的从业人员，面对这个新生代的消费群体，了解多少？如何应对？

根据易观智库与腾讯2018年联合发布的《中国“90后”青年调查报告》及腾讯《00后人群洞察报告》显示，新生代群体是最鲜活、最具生命力的群体，而自我轴心的成长、互联网发展影响、消费主义崛起是其成长的大背景。

《中国“90后”青年调查报告》显示，新生代群体具有以下特征：①自我意识膨胀下的个性化成长；②娱乐至上的一代；③充满表达欲望、情感需求强烈；④孤独与集体孤独；⑤爱创新也爱创业；⑥追求平等独立，有责任感；⑦理性务实，有规划。不随众、自己喜欢成为消费的重要特征。面对这样一个觉醒的消费群体，既有的框架在改变，原有的模式在变迁。新生代消费群体，虽会致敬经典，但不愿落入窠臼，他们自成体系，特立独行。对于传统媒介给出《头号玩家》的中等评分，新生代 say no！这种 say no 也必然蔓延到电影以外的其他消费领域，这其中必然包括旅游产业。

这一点从毕马威《2015年中国网购新生代调查分析》中可见一斑（见图1–3），该报告显示未来的网购主要集中在旅游方面，其中酒店预订、餐饮预订、国内游、出境游占比较高，而国内游、出境游将成为增长较快的方面。如何适应新生代群体的消费特征与习惯成为未来旅游行业的重大课题。

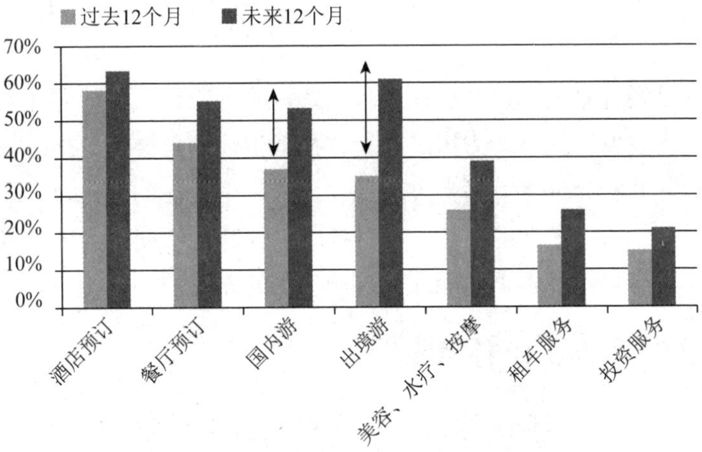

图1–3　2015年中国网购新生代调查分析

（图片源自该报告）

话语权的争夺与新生代的发声成为潮流，从《头号玩家》的电影成功同样可以看到的是新生代消费群体在消费领域开始表达自己的话语权（见图1–4），二次元文化成为话语权的表达的一种方式。游戏、电影、动漫构建的二次元文化，以其独有的个性化表达，赢得了“90后”“00后”的青睐，这种亚文化现在已经堂堂正正地出现在生活中，逐渐成为主流表达方式，在这方面日本已经成为主流文化现象，未来的中国也将呈现这一趋势。《头号玩家》不仅是对新生代消费者的迎合，更是对这一趋势的精准把握，这是非常值得旅游产业学习的。

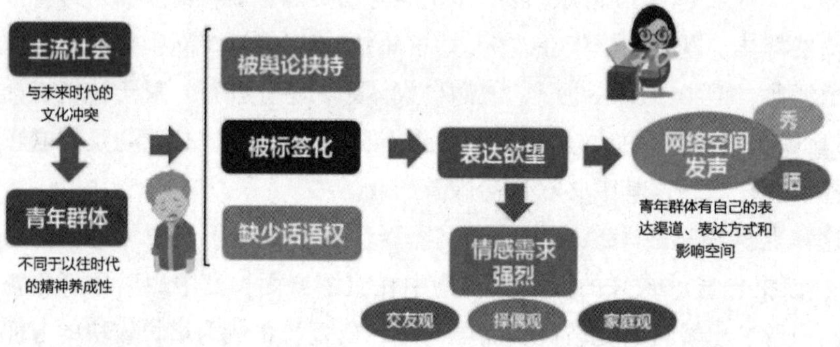

图1-4 “90后”的网络发声

（来源：《中国“90后”青年调查报告》）

新生代已经开始发声，已经在用脚投票，旅游业在关注他们并实现及时兑现。旅游业需要调整战略，为未来布局，在新生代消费群体关注的领域，诸如动漫、游戏、彩妆、创意等诸多方面加以提升，因为他们的见识、眼光，搜索信息的途径、能力，消费的结构、内容都跟以往时代不同了。世界迟早是新生代的，旅游只有早做准备，才能迎接这一市场的爆发。

四、内容生产与IP体系定生死

《头号玩家》本身就是内容生产的重要体现，它将创造出一个以电影为衍生中心的内容体系，未来可以预见相关的游戏、动漫、电影、电视、小说、媒体等都会在此基础上诞生，并进一步扩充此体系。内容生产是文化产业之魂，在这里面最突出的就是IP创造与衍生。电影作为内容生产的先锋领域，IP是内容生产的主角。《头号玩家》不仅仅是新IP的诞生，同时也是IP体系化发展的范例。

《头号玩家》中的IP体系之复杂，串联之精妙，其他电影无出其右者。《头号玩家》不仅成就了自身的IP，它也非常有效地利用了大量已有的IP。总体而言，这些IP分为以下四类：第一类是游戏IP，包括《光环》《马里奥赛车》《守望先锋》《街头霸王》《质量效应》《古墓丽影》《真人快打》《吃豆人小姐》《忍者蛙》《合金装备》《龙与地下城》《小蜜蜂》等。第二类是影视IP，如《指环王》《闪灵》《蝙蝠侠》《超人》《钢铁侠》《猛鬼街》《回到未来》《鬼魂回娃》《终结者》《侏罗纪公园》《星际迷航》《哥斯拉》等超过20部影片的经典IP。第三类是动漫IP，《高达》《七龙珠》《海贼王》《DC系列》《忍者神龟》《刚之炼金术士》、漫威动漫系列等。第四类是歌曲IP，包括*Thriller*、*You make my dream come true*、*Everybody want rule the world*等。这些IP相互独立，又融合发展，使得电影个性鲜明，IP未来的发展空间巨大。

内容产业在未来的文旅产业发展中至关重要，以主题公园为例，它的横向产业，诸如酒店、地产、教育、医疗、健康等产业多数能够通过资本实现快速整合，但是它的纵向产业，是以内容为根本的发展，无内容，难驱动。现实的发展中，由横向产业向纵向产业发展步步维艰，而由内容生产商向旅游的跨界却简单易行。例如，影视巨头福克斯的第一个线下乐园Fox World首站于2018年年底在马来西亚开业，占地36英亩，包含福克斯的多个系列影片的场景：《异形》《博物馆惊魂夜》《冰河世纪》及《人猿星球》等。内容生产体系的落后也会直接导致主题公园产业的衰落，迪士尼在20世纪90年代经营下滑的主因在于内容生产的落后与IP的老化，直至其并购皮克斯，才依托其强大的内容生产能力焕发新机。而在当今世界，诸如六旗（Six Flag）这样的无主题游艺巨头为什么在逐步走下坡路，也是因为其内容生产匮乏，单纯的游艺设备难以支撑这些主题公园持续稳定发展。

国内的旅游业已经开始有了IP发展的概念，也有部分的旅游业界先锋，如洪清华等在大声疾呼打造IP及IP落地，也出现了故宫系列IP的经典营造。但是终归我们的积累太少，IP意识太弱，离IP形成体系并发展成规模效应还有很大一段距离。目前的单个IP打造，多数也难以形成集群效应。内容生产的薄弱与IP体系的不专业，是限制国内旅游业升级发展的重大“瓶颈”。2017年万达大步伐退出旅游业，或许就与IP体系难以打造，以及IP流量闭环难以形成有关。2018年，常州恐龙园IPO上市失利，也与恐龙IP并不被其掌握，难以产生持续的内容生产能力，从而导致竞争力下降有着明显的关系。长久来看，国内的旅游巨头，诸如海昌、方特、长隆、华侨城、宋城等如果内容生产体系跟不上，IP 体系打造落后的话，与国外竞争，只会差距越来越远。

《头号玩家》袭来，预示着 VR 时代来临、游戏消费壮大、新生代消费发声、内容为王定型，对于旅游业而言，顺应变革、提早布局，才是生存之道！

结语

《头号玩家》是 2018 年的一个现象级的事件，它的口碑迅速扩展，并受到新生代群体的追捧，一方面说明了新生代人群在信息传播中的话语权的崛起，另一方面说明了新生代喜好的这些事物，诸如 VR、游戏、动漫等，未来将会在国民生活中扮演日益重要的角色。新生代崛起、传播的变革，带来的将是信息新技术下的社会变革，本书探讨的网红景区现象就是在这一背景下诞生的。

第二节 新生代特征解析

在第一节中，借助《头号玩家》引发的消费现象，分析了 90 后及 00 后新生代的部分特质、消费特点，而从 2018 年 5 月以来的网红景区现象，却将新生代的特征非常直观地呈现在大众眼前，它们就是圈层化信息获取、个性化出游、情感表达式社群、生活化旅行、迭代式消费。

一、圈层化信息获取

所谓的圈层化信息，就是指新生代主要从朋友圈形成的圈层结构中获取信息，新生代朋友圈包括两种：一是网上社群型朋友圈；二是现实生活朋友圈。在信息获取方面，网上社群型朋友圈的信息获取已经成为新生代信息获取的主要方式，从 2017 年团中央发布的《中国网民的网络行为报告》可以佐证这一点。该报告显示，“90 后”的每天上网时间达到 6.5 小时，成为各年龄段人群中最高的，“00 后”即使受到学校约束及家庭约束，其每天上网时间也达到了

3.6 小时，可以想象未来当他们摆脱束缚后，其上网时间必然还有巨大的增长空间。

网上社群型的信息获取有一个明显的特征就是圈层化。因为随着智能手机的普及，“90 后”“00 后”的上网行为绝大部分发生在智能手机上，而类似微信、Facebook、Instagram、Twitter 等分享型的软件成为其获取资讯的重要手段，而知乎、小红书、马蜂窝、公众号、微博、B 站、快手、抖音等自媒体时代的宠儿成为“90 后”“00 后”传播分享知识的阵地，这些 App 或网上社区本身就带有浓厚的社群性质，新生代在这里形成了一个个的分享小群体。

有意思的是，尽管新生代获取知识相较于“70 后”“80 后”呈现碎片化倾向，但是并不意味着知识量小，相反他们获得的知识量往往会比较大，很多被“70 后”“80 后”系统化知识所忽略的冷门知识反而被“90 后”“00 后”“再发现”，从而形成社群中的共享性知识，这些共享性知识的产生与分享进一步分化了社群，形成了一个个独立的圈层，这些独特的知识为这些群体打上了鲜明的个性化标签，标签化的圈层进一步吸引了与之相投的人群，从而进一步固化圈层属性，使得圈层的个性化更加明显，也使得圈层的独特性信息更加冷僻，却也加强了社群圈层的信息联系，使得这种社群圈层成为强关联关系。

二、个性化出游

个性化圈层带来的是个性化的生活方式，这种个性化就是各自圈层形成的独特性价值取向及特定知识分享形成的。与“70 后”“80 后”有相对统一的价值标准不同，“90 后”“00 后”整体价值不统一，其中认同“70 后”“80 后”价值观者有之、不认同者也大有人在，正能量者有之、负能量者也多如牛毛。不同社群圈层形成的小众群体，彼此独立，个性分明。

出游也是如此，普适性的出游方式，如团体旅游，已经被大多数新生代所抛弃。自由行成为选择，社群圈层不同的品位或趣味点成为其彰显个性的存在。为了彰显个性化出游，“90 后”“00 后”在出游中，往往形成的小团体会事先进行特色的匹配、攻略的制订，在大量在线平台，诸如携程、同程、去哪儿、飞猪、美团等之间综合比较竞价，广泛地寻找行、住、食、娱、游的组合，最终得到一个符合社群圈层需求的最优化的组合。这个旅游消费组合不一定最省钱或是最简单，最终的取向在于是否符合小圈层的个性化需求。

在这种旅游消费中，不符合小圈层个性化需求的花费，一分都要省；符合小圈层个性化需求的，再贵也物有所值。因为这是圈层价值、圈层认可的体现，而这些就与新生代旅游的下一个特征紧密相关了，那就是个性化出游也是为了维护情感表达式社群的需要。

三、情感表达式社群

“90后”“00后”是纯粹的计划生育政策下的独生子女一代，比起“70后”“80后”往往还有兄弟姊妹、部分还经历了大家族成长的人来说，“90后”“00后”大多在核心家庭长大，且家庭中除了父母只有自己一个，家庭内缺乏同龄情感表达，使得他们借助于两种途径进行情感表达：一种是网络上的圈层化社群；另一种就是现实朋友小圈子。而网络上的圈层社群与现实中的朋友小圈子并行不悖地进行着，两个圈子中的风潮都将影响到他们的情感表达，乃至于旅游决策。

新生代是一种矛盾综合体，一方面环游世界是他们的梦想，但在生活中朋友难寻的情况下，“宅”就成了现实选择。新生代在“宅”和组队旅行之间的冲突如此明显，以至于许多人把他们当成了新生代两种泾渭分明的群体，其实本质只是情感表达与圈层融入的不同表现形式而已。

对于新生代的旅行来说，获得情感上的自我满足与圈层认同是非常重要的，所以他们会通过个性化的手段来展示自己的感悟，如快手、抖音、微信朋友圈、微博等，这些网络App也会推动小圈层共同价值的发展。例如，在人潮涌动的景区中，有人采访某位“90后”的感受，这位“90后”的回答：“挺好的，我就是来看热闹的。”这就是一种情感的体现，自我获得的满足。不在乎钱是否值得，而在乎自己及自己圈层的个性或价值是否得到验证。

四、生活化旅行

与“70后”“80后”旅行强烈的目的性及通过旅行要获得巨大的回报不同，“90后”“00后”往往在旅行前的期待没有那么高，作为“90后”“00后”的新生代对于旅行的随性感更强，旅行很大程度上成为他们对于事先个性定位的表达与知识验证的一种途径，所以一些冷门知识景点、小确幸景点会在旅行中得到他们的青睐。

作为衣食无忧的一代，旅行中更加生活化，不在乎景点的数目，而在于体验的获得感、知识的印证感和圈层的认同。因此新生代的出行计划不论行程紧张还是舒缓，生活化旅行而不是程式化的观景，是其重要的表达方式。

更加适应网络发展的新生代，会关注网络的综合性评价，如美团、大众点评、个人评测等提供的生活化旅行建议。他们的行程会更加贴近生活化，如赴大理的旅行，可能会住民宿体验当地生活、“打卡”苍山洱海印证之前的知识、环洱海骑行体验个性化、吃白族食品彰显特性……

五、迭代式消费

新生代出生的时代是含着金钥匙长大的一代，没有“50 后”“60 后”挨过饿、断过粮的体验；没有“70 后”“80 后”千军万马过独木桥、唯有拼死一搏方能跳出农门的恐慌。“天生富贵”的他们，是天然的“继承者们”。

但他们的时代正好是中国时代巨变的时期，没有稳定的东西，没有成熟的经验，一切都在变化，一切都可替代，造成了他们的不稳定心理。体现在消费方面就是他们的消费随着时代的巨变而巨变，并没有相对稳定的消费结构与消费形式，因此他们的消费迭代特别快。没有恒定的品位，新生代的消费受到外部影响较大。以新生代的典型消费奶茶为例，从最早的港式奶茶、到珍珠奶茶、到奶盖奶茶、到个性化奶茶，短短五年间已经迭代数次。旅游也是如此，最受年轻人喜欢的城市也由拉萨、厦门，到杭州、重庆，未来如何变化，还不得而知。主题在不断更新，形式在不断变化，旅游消费迭代在不断进行。

结语

圈层化信息获取、个性化出游、情感式表达社群、生活化旅行、迭代式消费是新生代力量的基本特征，是旅游业界解析新生代消费特征的关键钥匙，了解他们的特征，迎合或引领他们的消费，才能让旅游业界获得相应的回报。

第三节 新生代社交与消费特征及对旅游的启示

第二节重点讲述了新生代的特征及对旅游消费的启示，本节将以新生代的圈层社群为重点，结合网红社群曾经发生的热搜事件——虎扑 VS 吴亦凡事件，来进一步探讨新生代的圈层社群消费特征，并将这些特征与旅游充分结合，探讨旅游如何有效地利用新生代圈层社群展开有效的旅游开发与旅游营销。

一、虎扑 VS 吴亦凡事件

2018 年《中国新说唱》第二季节目播出后，作为评委的吴亦凡开始被新生代广泛讨论，此时体育论坛——虎扑步行街板块内，陆续出现了一些评价吴亦凡在节目中相关表现的帖子，而且评论大多集中在“吴亦凡说唱水平较差”与“对学员太过苛刻”这两个方面。

7 月 24 日晚间 19 点 17 分一位名为“银河鲨鱼护卫队”的用户发布了一条微博，列举了在虎扑论坛步行街板块下关于吴亦凡的讨论帖子，称这些帖子涉嫌恶意造谣抹黑吴亦凡，号召“梅格妮们”（意为“每个你”，吴亦凡粉丝群体的自称）前往虎扑对这些帖子进行举报或不推荐。

7 月 25 日 16 点，吴亦凡在微博上发布了一条微博，将“战事”推向高潮。他指名道姓地称虎扑“不搞体育在搞我”，言辞十分激烈。

微博上，“吴亦凡回怼虎扑”的话题自吴亦凡发表声明后立即登上热搜榜，截至 2018 年 7 月 26 日 18 时止，此事件已有 7372 万的阅读量及 3 万讨论量。根据微信指数显示，关键词“吴亦凡”和“虎扑”一日暴涨 1200% 和 600%，此次事件中吐槽吴亦凡的“skr”一词，其微信指数的涨幅也达到了 200%，并最终成为 2018 年度网络热词。这一事件也成了名副其实的网络热门事件。

筛除娱乐成分，从这个事件本身出发分析，可以看到整个事件背后新生代的身影无处不在，这是一场新生代主导的热门事件，整个事件传播迅猛，在“70 后”“80 后”还没有反应过来的情况下，制造了巨大的网络流量，形成了广泛的娱乐舆情，然后迅速消退。透过这一事件的主导者——新生代的圈层社群特征分析，能够有效地把握他们的行为特征与消费特征，将这些与旅游结合，能够在未来更好地把握旅游发展的动向。

二、新生代网络化圈层社交与消费特征

虎扑 VS 吴亦凡事件在三天内搅动超过 7000 万的阅读量，而这些阅读绝大多数来自于新生代，从“互怼”内容及形式可以看出新生代社交的一些特点，本文所称的新生代是指 14~25 岁的这一批年轻人，基本是“95 后”与“00 后”，他们未走出或刚走出校园。通过“虎扑 VS 吴亦凡”互怼事件，可以看出他们的社交与消费有如下特征：

（一）圈层化社交非常明显

在本次网络热门事件中，反映出非常明显的圈层化网络社交特点。在网络上互怼的双方，属于两个不同的圈层社群：一个是偶像粉丝社群；一个是专业兴趣社群。

其中吴亦凡的偶像粉丝社群，据报道统计人数达到 2800 万人，其特点是以女性为主，年龄在 10~30 岁，感情较狂热。偶像粉丝社群是原有的偶像粉丝后援会进入网络时代后进化的产物，这类社群有网络化的粉丝会进行管理，下面有粉丝群，而整个网络化圈层分享的核心知识与信息就是明星本人及本人的相关动态，在这次事件中吴亦凡的微博是整个偶像粉丝社群的核心内容发布地，而向外延伸的是无数的微信群、QQ 群、微信公众号、头条号、知乎、抖音……诸多的社交软件在一层层的服务于这个核心。很难想象一个 3200 万人的粉丝群体，就这样井然有序地形成了一个网络化的圈层。

而虎扑步行街的专业兴趣社群，据网站的统计，人数约为 65 万，其特点是以直男为主，年龄在 14~30 岁，酷爱体育与互联网。虎扑步行街代表的是一种专业兴趣群体形式，虎扑从 2006 年开始介入网络社区，一直是硬核体育迷交流的社区。虎扑这类专业兴趣群体还有很多，如漫迷、二次元群体聚集的 B 站等，这样的社群平时松散，交流的主要场所就在虎扑论坛中，分享的是体育及网络方面的知识，群体对所在圈层的认可度非常高。虽然“虎扑的步行街”最先只有 65 万的微博粉丝，但虎扑本身是个坐拥月活 5500 万的社区。

这两个社群旗帜鲜明，年轻人的特征明显，交叉较小，各自圈层内分享的

知识与活动互动完全不同，体现了时下的新生代在各自的网络社交中已经形成了相对固定的圈层，并具有明显的圈层标识，互怼事件成为两个圈层“火星撞地球”的社群大爆发。

（二）网络化紧密结合的圈层认同与荣誉感

透过互怼事件也能够看到，新生代会有对于自己的专属圈层认同，这种认同是与网络化的社群紧密相关的。两个圈层社群虽然圈层结构与组织形式不一样，但相同的是新生代的特点，在网络化紧密结合的情形下，却都展现出了网络圈层社群的重要特点，那就是圈层认同感，以及基于此而产生的荣誉感。

互怼事件中两个社群的圈层认可度非常高。在网络圈层语境下，冒犯圈层，就是冒犯圈层的每一个人，不同的是偶像粉丝社群的核心是明星本身，具有强凝聚力，而专业兴趣社群的核心较为模糊，因此相对松散。

在此次互怼事件中，吴亦凡粉丝以明确的“梅格尼”（每个你）作为标签，而虎扑社区则以“JRs”（家人们）作为标签，展现了异常明晰的标签化称谓，极具识别性。在网络上成功地实现了标签化的社群定性，虎扑也因此整理了社群团体，从而将事件转入为圈层荣誉抗争阶段。

而为圈层战斗，是在圈层中获得荣誉感的重要方式，而战斗的地点就是在网络。网络圈层社群的碰撞摩擦原则就是能在网络中解决的事情就在网络中解决，很少延伸到线下“约架”，这也是新生代圈层的重要矛盾解决方式。本次事件中最重要的战场就在虎扑社区、微博、微信三个虚拟场所，60 万虎扑死扛 2800 万吴粉，在双方都荣誉满满的状态下，实现了超 7000 万的阅读量，制造了热门，然后烟消云散。

（三）圈层社交背后的忠诚消费

而在这场互怼的背后展现的还有圈层支撑的忠诚消费。粉丝经济自不多赘述，粉丝就是巨大的流量，不论是什么形式，只要偶像号召，包括电影、电视、演唱会、歌曲、衣服、鞋帽、饰品、打赏……粉丝都会义不容辞地前往消费。粉丝经济本身就是忠诚消费的代名词，这方面研究已经不需要赘述。

专业兴趣社群其实也是有着忠实消费的，在如虎扑、B 站这一类的社群圈层中，社群分享已经成为社群成员交流的重要方式，在网络社区中获得信息，通过网络社区获得认可，其中消费分享就是非常重要的维系社群文化与社群话题的纽带其消费的力量巨大。“物以类聚”，不仅仅是爱好，还包括消费同类的品牌，获得相类似的体育训练，追逐相同的赛事，二者后面的消费往往是巨大的。

而这些从网络社群中得到的消息，促进了现实中的消费，然后又在网络社群中分享信息，得到认同，从而组建自己的社交圈子，就成了新生代网络社群消费的特点。类似虎扑、B 站这样的专业兴趣网站，其成员每年的品牌消费都是巨量的，虎扑带来的体育装备、体育产品、体育培训的消费巨大，并且能够维持其强大而持续的运营。

三、新生代网络圈层社群带给旅游的启示

新生代网络圈层社群带来了诸多影响，如粉丝经济、热搜话题、忠实消费等，这些影响作用于旅游，也会产生类似的作用。对于旅游来说也是一样，它带给旅游如下启示。

（一）“新”——成为新生代网络化圈层社区对旅游的追求

这个“新”不是指要有新景点，而是要有新意，要有创新点。传统人文型的景点景区，如果能够对接圈层知识或创新知识，让这种对接或创新能够契合圈层的文化或知识需求，景点景区一样能够成为新生代追捧的对象。比如，2018 年 7 月抖音团队在世界博物馆日前夕为中国八大博物馆带来的创新视频，在短时间内就引爆了新生代的圈层社群，就是一个体现。

传统景区，不仅要从原有的视角进行突破，更要进行内容的更新，让新生代能够更好地体会这种新，才能够再次获得认可。景点景区的项目或体验内容要能够符合新生代圈层的需求，如在追求自拍的语境下，网红拍摄点的设置就是一个例子。

这种“新”也让一些新景点及创新旅游项目有了弯道超车的可能，这就是近 1~2 年网红景区兴起的原因。新生代通过大量的“打卡”行为，肯定了景点景区的创新，使得景区能够在短时间内形成热火朝天的局面。

（二）要有切入口，能引起共鸣

网络化圈层社群也意味着圈层化的信息摄取。随着智能手机的普及，“90 后”“00 后”的上网行为绝大部分发生在智能手机上，类似微信、Facebook、Instagram、Twitter 等分享型的软件成为其获取资讯的重要手段，知乎、小红书、马蜂窝、公众号、微博、B 站、快手、抖音等自媒体时代的宠儿成为“90

后”“00后”传播分享知识的阵地，也因此形成圈层化的信息获取方式，知识在小范围内共享。

新生代倒逼景点景区营销方式，使得营销推广必须创新传播路径，一定要有面向新生代的切入口，通过一定的方式切入到这些网络化圈层社群中去。例如，与B站共同进行二次元合作，与虎扑进行体育旅游合作，或者与无人机专业社区进行无人机赛事活动等，都能够迅速切入到这些圈层中。

除了有良好的切入口进入新生代圈层，还需要获得他们的认同，也就是景点景区的营销推广能够引发他们的共鸣。要让景点景区成为能够理解他们、能够容纳他们的所在。比如，故宫的文创团队推出的《我在故宫修文物》纪录片中，陈扬这样的新生代的加入，不仅解决了故宫在新生代人群中的切入问题，而且让新生代群体获得了巨大认同，助推故宫文创IP在2018年的全面爆发。

（三）圈层社区定制旅游或将兴起

正因为网络圈层化的信息获取于圈层化，使得新生代的消费更具圈层个性，如粉丝经济中以明星为中心的消费现象，网络化社区中专门化主题的消费等。

正是这些个性化出游的出现，为圈层社区的定制旅游成为可能。从粉丝经济方面看，这一方面已粗具规模，最基本的就是明星演唱会门票代理。但还有更大的空间，如演唱会前后的住宿、出游、娱乐等一条龙的旅游定制并没有开拓出来。

而网络圈层社区的出游，如特殊的体育旅游、无人机比赛、二次元展会等，往往还没有引起旅游人的重视，但这一块的事宜必将兴起，因此随着圈层社区做衍生休闲或许是一个新的开发点。

结语

虎扑VS吴亦凡这个热搜事件已经远去，但它反映出的新生代网络化圈层社群及消费特征，对旅游的开发运营有着重要启示，要创“新”，要切入、要共鸣、要迎合个性、要对接需求，未来的旅游才能更好地服务新生代，获得持续生命力。

第四节　旅游的传播性在崛起

前文提到了新生代的崛起改变了旅游营销方式，推动了网红景区的到来，而网红景区发展的第二个大背景，就是旅游的经济性在弱化，旅游的传播性在增强。旅游的传播属性增强，让景点景区的传播越发重要。

2018 年度对于中国旅游而言，最重要的事情就是文旅融合，原文化部与原国家旅游局正式合并，共同组成文化和旅游部。2018 年 3 月 13 日上午，党的十三届全国人大一次会议在人民大会堂举行第四次全体会议，听取国务院关于国务院机构改革方案的说明，方案明确提出将文化部、国家旅游局的职责整合，组建文化和旅游部，作为国务院组成部门。不再保留文化部、国家旅游局。消息一出，旅游业界震动。对此解读者，利空有之、利好更有之，孰是孰非，尚难定论。借文化和旅游部成立之际，本节将从组建初心、行业转型及未来趋势三方面提出相应看法。

一、组建初心——文化自信与传播渠道整合

2017 年中国 GDP 为 82.71 亿元，折合美元为 12.25 万亿美元，约占全球总 GDP 的 15%，仅次于美国 19.39 万亿美元，居世界第二位。因此从经济上看，中国已经是名副其实的大国。但是在文化输出方面，中国的占比却是大大落后于国家经济排位。《2017—2022 年中国文化创意市场发展前景预测及投资战略研究报告》指出，2017 年全球文化创意产业的市场份额，美国占市场总体份额的 43%，欧洲占到总体份额的 34%，亚洲、南太平洋国家占总体份额的 19%（其中日本占 10% 和韩国占 5%，中国和其他国家及地区仅占 4%）。由此可以看出，中国的文化输出量还非常少。

国际文化输出不利，中国国内的文化发展同样问题多，本国优秀的文化得不到充分的认可，本国本土文化不自信，使得外来文化产品很容易占据国内文化高端市场。文化自信是大国崛起的根，因为只有文化自信，方能深挖国内文

化，并进行文化输出，否则一切皆休。而文化自信，需要文化挖掘与文化承载，旅游是重要的手段与载体；文化输出，则需要充分的交流与通畅的渠道，旅游则是重要的渠道。

从文化挖掘与文化承载来看，文化必须有其使用者方能传承、活化、创新。国内诸多地方文化的式微也是因为其使用者在逐步消亡。而旅游者作为一个文化消费团体，对于新奇异质文化有着浓厚兴趣，正因为这一稳定持续的消费群体存在，能让文化的挖掘拥有相应的经济保障，能够让文化传承者继续传承，让文化创新能够取得相应的效益。这些年来“千古情”系列、“印象”系列既取得了文化拓展与经济效益双丰收，也验证了这种可能。

从文化输出来看，旅游是重要的渠道，在国内，旅游是先进文化的引领渠道，如中国大城市最早引入、发展绿色生态的理念，而后逐级向中小城镇、乡村地区传导扩散，大都市的旅游者就是这一理念扩散的重要渠道；旅游同样是特色文化的拓展渠道，如贵州少数民族文化通过旅游向全国及海外扩展；旅游同样是国际先进文化向国内传播的重要途径，通过旅游者在自媒体、传统媒体及朋友交流等途径，将国外的优秀文化吸收进来，使得中国文化有机会、有能力加以吸收改造、包装、升级，以国外喜欢的形式传播出去，如北京故宫的文创活动吸收和借鉴了欧美的诸多经验，在此基础上以全新的形象对外呈现，取得了很好的效果。在国外，旅游是中国能掌握在自己手里的稳定的输出渠道。由于历史原因，国外对于中国文化歪扭误解非常深，而国外的传播途径却并不为我们所掌握。目前我国文化走出去能够利用的稳定而可靠的渠道就是出境旅游者的传播，通过我国旅游者的中国文化输出，带动当地的中文热、中国文化热的例子比比皆是。近年来，中国的饮食文化也是借助此渠道风靡海外。

文化和旅游部的组建，是为我国的文化自信整合传播渠道而设立。在国内促进先进文化从先进地区向落后地区传播、特色文化走出地区局限对外传播的重要渠道；在国际上，旅游可以实现与国际顺畅交流，让中国文化以更加适合外国人接受的形式呈现，同时成为中国文化稳定向外输出的渠道。将旅游这一渠道与现有文化传播渠道充分结合，能够打造更好的文化交流与输出的渠道，将旅游对文化消费的持续性与文化传承、文化挖掘、文化创新相结合，从而让中国文化更好发展，这些应该是文化和旅游部组建的初心。

二、行业转型——旅游的双面性再次展现

我国的旅游自改革开放后便具有两面性——事业性与企业性。改革开放后的一段时间内，旅游仍然秉承着改革开放前的事业属性，任务是接待外国友人、传播中国文化、增进中外交流。但是随着旅游创汇职能重要性的日益凸显（改革开放初期，我国创汇能力低下，旅游成为重要创汇手段），旅游的经济属性加强，国旅、中旅、青旅陆续改制成为企业，国内旅游景点景区开发随即火热。其后，虽然旅游的创汇比重逐年下降，但随着黄金周兴起，大众旅游时代到来，旅游成为拉动国内消费的重要工具，被用于国家宏观经济政策中。这些方面的发展让人们更多地看到了旅游的经济性，在这之后旅游企业如雨后春笋般出现，因此改革开放后，旅游行业完成了第一次行业转型：事业性向企业性转型，这也使得许多人认为旅游是经济属性优先。

但是，在中国经济滚滚向前的发展中，促使第一次旅游转型的动因已经逐渐改变。

第一，旅游逆差日益增大，创汇已成往事。自改革开放后，我国贸易顺差日益增加，已经摆脱了靠旅游贸易赚取外汇的“瓶颈”。而我国旅游贸易最开始呈现顺差，2006 年达到最高的 96.3 亿美元，其后旅游贸易顺差迅速减少，至 2009 年中国出境旅游支出首次超过入境旅游收入，入境旅游收入增长缓慢，出境旅游支出迅猛扩张，中国旅游贸易逆差日益增大，2015 年旅游贸易逆差达 1744 亿美元，出境旅游支出接近入境旅游收入的 3 倍（见表 1–1）。

表 1–1　2009—2015 年我国旅游贸易逆差

	入境旅游收入（亿美元）	出境旅游支出（亿美元）	旅游贸易逆差（亿美元）
2009 年	396.75	420	23.25
2010 年	458.14	480	21.86
2011 年	484.64	690	205.36
2012 年	500.28	1020	519.72
2013 年	516.64	1290	773.36
2014 年	515	1550	1035
2015 年	1176	2920	1744

注：根据历年旅游统计公报及世界旅游组织（OMT）统计数据整理而成。

第二，经过改革开放40年的发展，旅游行业已经是一个成熟产业，资本进入和退出遵照市场化运作，随着中国国力的进一步提升，旅游产业在生产总值中的占比也将稳定下来。根据世界经济论坛《2017旅游业竞争力报告》，中国旅游业占GDP的2.1%。国家经济总量越大，旅游占比越稳定，其他的世界大国，诸如美、日、法、德、英等国的旅游业占GDP的比例也都在2%~4%。因此中国未来旅游业总量仍会增长，但占比很可能进一步下降，旅游产业大规模爆发的空间已然不大。

经济属性逐渐定型的背景下，旅游的其他属性开始展露，对旅游重新的认识需要形成，首当其冲的就是传播性。随着中国出境旅游的发展，中国旅游者已经成为中国传播中国文化、中国观点的重要渠道与载体，在“一带一路”倡议落地实施过程中，旅游是先行者、排头兵。国内发展中，旅游是国家战略的践行者与先发者，传播着国家发展的先进理念，如特色小镇、精准扶贫、乡村振兴等战略或部署中，旅游都成为重大战略的传输渠道，让先进地区的理念、管理、技术向这些地区流动。在国际国内的这些重大战略调整中，旅游的经济属性并非唯一，反而传播属性开始凸显。站在时代的大背景下，旅游从强势的经济属性，到经济属性与其他属性（尤其传播性）并重的转型已经悄然而至。

三、未来趋势

（一）趋势一：旅游虽然升部了，未来角色地位却会下降

业界呼唤了很多年，希望升部，但是从国务院独立辖属部门到与文化部合并成为一个部，事实上的独立性反而下降了。另外，从文化部原有职能来看，事业性优于经济性是其一贯的思路，国家旅游局融合进来后，短期内思路调整的可能性极低。从国务委员王勇的讲话：“组建文化和旅游部是为‘增强和彰显文化自信，统筹文化事业、文化产业发展和旅游资源开发，提高国家文化软实力和中华文化影响力，推动文化事业、文化产业和旅游业融合发展’”，也可以看出未来的角色定位，文化 > 旅游、文化事业 > 文化产业 > 旅游产业。因此，未来旅游管理部门地位的下降是显而易见的。这一点在地方层面部门改革实践中早已得到证明，2009年深圳市政府改革将文化局、体育局与旅游局合并为文体旅游局，从实际的管理运作中可以发现，旅游职能在该局的影响力已成垫底形势。

（二）趋势二：文旅融合狭隘了“旅游 +”，未来是“+ 旅游”的时代

原国家旅游局提出了“旅游 +”的概念，试图将旅游在经济上的影响力扩展至各个行业，如“旅游 + 文化”“旅游 + 农业”“旅游 + 工业”“旅游 + 科技”……有独立的部门推动，与其他各部委的联合发文也纷至沓来。但是文化和旅游部成立后，必然优先文旅部内部整合，文旅融合成为优先操作，“旅游 +”的概念很难冲出现有框架。但是旅游的传播属性，旅游的渠道职能仍将继续发挥，市场会选择“+ 旅游”的形式，各自行业在自身基础上添加旅游因素，“+ 旅游”增进行业的乘数效应是可以预见的。

（三）趋势三：旅游的战略意义进一步突出，传播属性将更显力量

未来中国经济进一步增长，旅游的经济意义将进一步降低，但是战略层面的意义将更加突出。在国家的新型城镇化战略、农村振兴战略、精准扶贫战略中，旅游能最大限度地将触角深入落后地区，并且先行先试、尝错纠错、引领资本的能力都非常强，从而能够成为这些国家战略的重要手段。其传播属性在国内能够最大限度地使国家政策、先进文化上应下达，能够让特色文化传承发展；在国际上，促进了中外文化交流，提升了中国文化创新的可能，保障了中国文化向外传播的通畅，加快了优质中国文化走出去的速度。

这些趋势顺应了文化和旅游委发展的一贯思路，旅游传播性的崛起也将势不可当！在这种背景下，网红景区与网红城市开始出现在人们的视野中。

结语

旅游正处于剧变之中，传播性的角色逐渐上升，经济性的角色维持不变，这使得旅游作为传播文化与发展经济的双重工具，将被政府日益重视。同时由于传播性的崛起，符合传播规律的旅游营销及策划，也会在未来旅游的发展中发挥更加重要的作用。

第二章

网红景区与网红城市现象

第一节　网红景区来了

2018年10月8日，中国旅游研究院发布了《2018年国庆假期旅游大数据报告》，高德地图发布《2018十一黄金周国民出行报告》，途牛发布《2018“十一”黄金周旅游消费报告》，本节将就这三份国庆旅游出行报告进行国内旅游全面解读。

一、经济形势体现于消费领域，旅游消费出现停滞

据中国旅游研究院《2018年国庆假期旅游大数据报告》，国庆期间全国接待国内游客7.26亿人次，同比增长9.43%，实现国内旅游收入5990.8亿元，同比增长9.04%。

单看这一数字还是喜人的，但是如果跟2017年、2016年做横向比较，就会发现并非一如既往的乐观，因为人均消费停滞增长了。从2016年至2018年国庆黄金周的基本数据可以看出，国庆出游的旅游人数年均递增超9%，然而2018年的旅游收入却没有超过2017年（见表2-1）；再推算2018年国庆的人均旅游消费为825.8元/人次，比2017年下降了8.6%，考虑到2018年国庆黄金周比2017年要少一天，这个跌幅与2016年相比更具意义，可以看到与2016年相比，人均旅游消费基本没有增长。人均旅游消费停滞增长了，这是实实在在发生的事情。

表2-1　2016—2018年国庆黄金周基本数据

	2016年	2017年	2018年
国内游客（亿人次）	5.93	6.63	7.26
国内旅游收入（亿元）	4822	5994	5990.8
人均旅游消费（元/人次）	813.2	904.1	825.8

二、热门城市保持平稳，网红城市火爆

热门城市表现平稳，而网红城市成为焦点。在新媒体的促进下，网红城市的旅游人数与人均旅游消费均呈现大幅增长，成为国庆旅游统计中的亮点。下面从五个主要的一线城市来看看2018年国庆的基本表现。

（一）北京

2018年北京市国庆期间接待游客1115万人次，总收入124亿元，2017年“十一”黄金周期间，来京旅游总人数为1237万人次，旅游综合收入95.36亿元。在旅游人数大幅下降的同时，旅游消费却增加了，人均旅游消费从770.9元/人次，增加到1112.1元/人次。

（二）上海

2018年上海市国庆期间共接待游客1038万人次，同比增长12%，创近年来最高涨幅；2018年国庆期间实现旅游收入102.9亿元，同比增长11.4%。2017年国庆期间上海共接待游客1059万人次，旅游收入106亿元。但2018年上海国庆期间人均旅游消费也从2017年的1000元微降至991元，考虑到2017年国庆假期多一天，实际上人均旅游消费增加了。

（三）重庆

重庆是2018年的抖音网红城市，网红城市是否能够带来旅游惊喜？结论是肯定的！2018年国庆期间重庆市共接待境内外游客3489.69万人次，同比增长13.8%；实现旅游总收入141.27亿元。2017年重庆市共接待境内外游客3418.63万人次，同比增长21.12%；实现旅游总收入123.07亿元，同比增长34.68%。重庆实现了旅游者人数与人均旅游消费的双增加，人均消费从2017年360元/人次上升至2018年404.8元/人次。

（四）杭州

2018年杭州市国庆期间共接待游客1776.14万人次，同比增长8.89%，实现旅游收入151.67亿元，同比增长11.26%。2017年杭州国庆期间累计接待旅游者1864.03万人次，与2016年同口径相比增长11.8%，实现旅游收入155.79亿元。2018年杭州的游客比之上年有所下降，但人均旅游消费略有上升，旅游人均消费由2017年的835.8元/人次升至853.93元/人次，考虑到国庆假日比2017年少一天，这种增长更有意义。

（五）广州

2018 年广州国庆假期共接待市民游客 1472.55 万人次，同比增长 10.11%；全市旅游业总收入 115.60 亿元，同比增长 10.39%。2017 年广州国庆期间共接待游客 1528.33 万人次，同口径比较增长 15.12%；旅游业总收入 119.68 亿元，同口径比较增长 16.27%。广州市国庆期间的人均旅游消费也是增长的，由 2017 年的 783.2 元 / 人次上升至 2018 年 785.03 元 / 人次。

从以上列举的五座一线城市国庆期间的旅游统计数据来看，除了北京的旅游人均消费增长略有不同，其他城市的变化均属正常波动范围，由于抖音等新媒体带动的重庆成为网红城市，使得重庆旅游发展呈现爆发态势，2018 年国庆期间重庆的旅游人数与旅游人均消费实现大幅度双增长，这说明网红城市在游客引流方面卓有成效。

三、出游更有计划性，旅游向纵深探索

根据高德地图《2018 十一黄金周国民出行报告》报告显示，两个时间段最拥堵，其中 10 月 1 日 9：00~12：00 拥堵里程占比最高，而 10 月 5 日 16：00~18：00 则是返程高峰（见图 2–1）。国庆期间，珠三角地区拥堵程度最高，长三角次之，京津冀与成渝地区拥堵程度相当。

2018 年 9 月 30 日—10 月 7 日全国高速拥堵趋势（小时级）

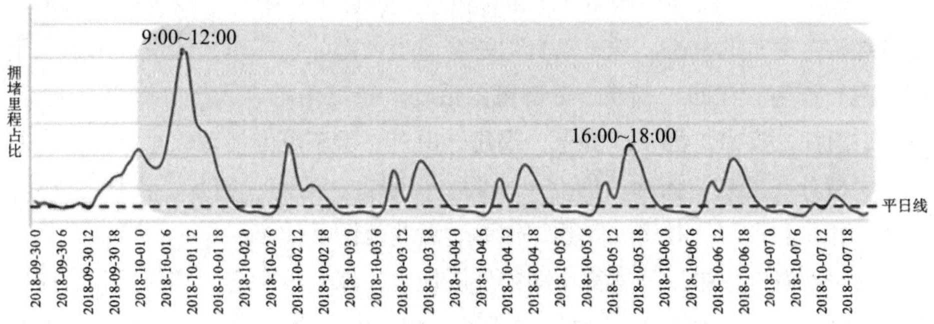

图 2–1　2018 年国庆期间全国高速拥堵趋势

（来源：高德地图《2018 十一黄金周国民出行报告》）

说明选择自驾的人群更加理性，一般选择 9 月 30 日及 10 月 1 日出门，10 月 5 日开始返程，这样的出行更有计划性，吸取了之前国庆假期 10 月 6 日、7

日拥堵的经验，会选择提前结束行程，同时也说明了自驾游客国庆假期的一般游玩天数在 5 天以内。

途牛《2018“十一”黄金周旅游消费报告》也验证了这一点。在出游时间分布上，节前一天(9 月 30 日)及假期第一天(10 月 1 日)出发的游客人数最多，占比为 51%，而 10 月 2 日至 4 日客流量相对平稳，出游人数占比为 25%（见图 2–2）。

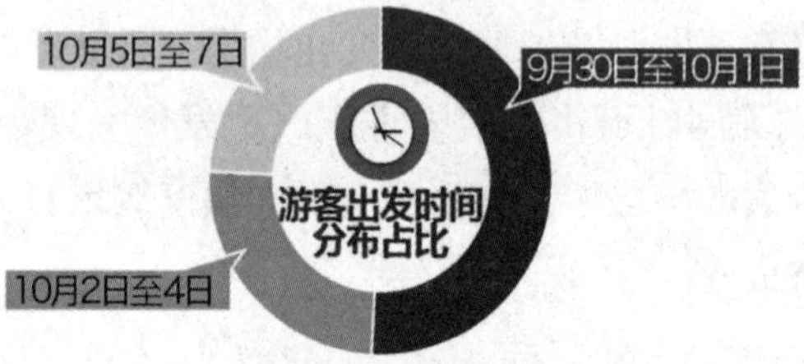

图 2–2　游客出行时间分布比

（来源：途牛《2018“十一”黄金周旅游消费报告》）

通过基本的估算，5 天的行程里行车时间在 3 天以内，按照家庭出游，一天比较舒适的驾驶历程在 800 千米以内，一天半的行程在 1200 千米以内，多数集中于 800 千米范围内；深度游一天驾车在 400 千米以内，一天半驾车在 600 千米以内，多数集中于 400 千米范围内，由此可以推算可以发现三大都市圈自驾游客覆盖的范围。珠三角自驾游客应当大部分在广东、云南、川南、重庆湖南、鄂南、江西、福建、苏南范围活动；长三角游客大部分应当在上海、江苏、浙江、安徽、湘东、鄂东、福建、山东、豫东范围活动；京津冀游客基应当大部分在北京、天津、河北、山西、内蒙古、河南、山东、吉林、辽宁、陕西、鄂北、青西、甘南、安徽、江苏、浙北范围活动。

而深度游则集中于三大都市圈的外围地区，珠三角集中于粤东西北、桂中东、相中南、闽中南；长三角集中于苏、沪、浙、徽、赣北；京津冀集中于京、津、冀、内蒙古中东、晋中北、辽南，通过高德地图拥堵城市分布也可以验证这一现象。尤其是粤东西北城市的拥堵说明了珠三角的自驾游已经转向二、三线城市的深度游，如清远、茂名、汕头、湛江均沦为堵城（见图 2–3）。

图 2–3　国庆十大堵城与周边游热门目的地

（来源：高德《2018 十一黄金周国民出行报告》）

四、网红景区依旧火爆，西北地区已成热点

从高德《2018 十一黄金周国民出行报告》及途牛发布《2018“十一”黄金周旅游消费报告》两份报告可以看出，热门景区依旧非常火爆，天安门、西湖、乌镇、夫子庙、平遥古城等传统热门景区依然是黄金周的主角，同时随着中部崛起，河南的旅游城市郑州、洛阳、开封、焦作，湖北武汉，湖南长沙、凤凰，安徽黄山成为热门旅游城市（见图 2–4）。由于新媒体的推动，这些城市都是 2018 年的网红城市，在这些网红城市中的典型景区也陆续成为网红景区，吸引了大量游客。

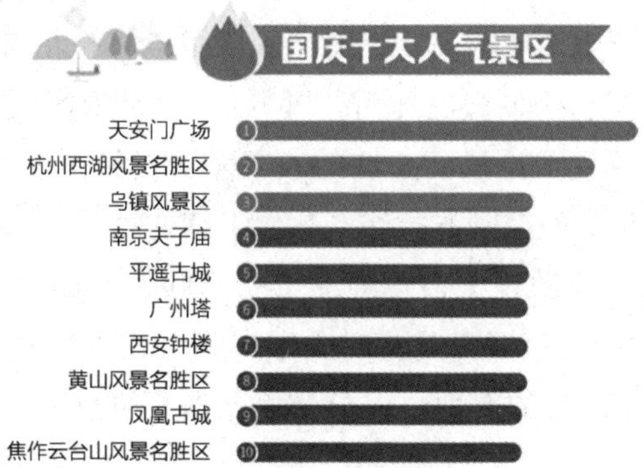

图 2–4　全国十大人气景区

（来源：高德《2018 十一黄金周国民出行报告》）

2018 年国庆黄金周最大的赢家来自于西北线，青海、内蒙古、陕西、甘肃全面火爆，这也预示着这一地区的旅游已经开始进入快速发展期，未来更多的自驾活动将在这一地区兴起，诸如房车露营地、自驾景区等业态可以在这里有条件布局。茶卡盐湖、莫高窟、鸣沙山月牙泉、七彩丹霞网红景区成为热点区域的网红景点，收获了 2018 年国庆期间的大波客流。

结语

2018 年是网红城市和网红景区发展的关键一年，这一年中网红城市陆续登场，网红景区“你方唱罢我登场”，令人目不暇接，全年都处于网红城市与网红景区的热潮之中，国庆节的游客统计就是一个明显的例证，显示着网红城市与网红景区在吸引游客方面的巨大潜力。

第二节　网红景区是什么

第一节提到网红景区是2018年旅游发展的关键词，那么网红景区是什么？网红景区如何发展？在接下来的内容中将一一解答。

“网红”一词本意是“网络红人”的缩写，指在现实或者网络生活中因为某个事件或者某个行为而被网民广泛关注，从而走红的人或长期持续输出专业知识而从红的人。当这个词义泛化后，“网红”就是现实或网络中因为某个事件或某些行为而被网民关注从而走红的人、事、现象。“网红景区”就是因为某些事件或某些现象，而被网友关注，从而走红的景区。

面对这种新兴的旅游现象，业界在第一时间发出的声音竟然大都是持负面看法者。有言：“网红景区只是一时火爆，终会成为过眼云烟，所以不必在意。”也有言：“哗众取宠的东西，迟早烟消云散。”更有言：“关注过度、曝光过度。”

当然也有积极迎合者，主动打出口号要做网红景区，如趁着小猪佩奇作为“社会人”的形象爆红，小猪佩奇主题公园已经启动并在紧锣密鼓地准备开业，其他宣称要做网红景区的也非常多。那么网红景区到底是洪水猛兽，或是癣疥之患，抑或是及时东风，还是只是一夜秋雨呢？

本节认为要正视网红景区现象，要正确地理解它、善用它，为旅游景区运营增色。要正视它，首先就要正确地理解它，要理解网红景区必须明确以下三方面。

一、网红景区不是规划出来的，网红景区是传播出来的

许多人一提到网红景区，第一反应往往是说“难道你要不务正业，去规划网红景区”。其实首先要改变的一个观念就是，网红景区不是规划出来的！从旅游的整体运作流程——策划、规划、施工、运营来看，如果要“规划”一个“网红景区”，往往是得不偿失的，因为从景区的“规划”到实际运营，时间也已经过去了半年以上，而且项目越大周期越长，此时原本设定的网红内容很有可能已经随着热点的消退而成明日黄花了。因此“规划”的网红景区，往往是滞后，等到它实际运营的时候，已经很难说人们还会追捧了。

网红景区不是规划出来的，它是怎么产生的？

遍观已经走红的网红景区，可以发现网红景区是在运营阶段产生的，成为网红景区，实际上是一个传播过程，从已有的网红经验来看，这个过程分为主动传播与非主动传播两种情形。

所谓主动传播就是运营过程中通过文案组织某主题的密集型营销，从而在网络上造成密集性关注，实现让景区短期内走红的目的传播行为。而非主动传播，就类似于 2018 年“五一”期间的重庆洪崖洞景区，不是由景区主动策划的，而是在景区的某些形象或事件在网络中自然发酵，从而引发普遍关注，并转化为实际客流，形成景区在较短时间内爆红的传播行为。

不论网红景区的是主动传播还是非主动传播而形成的，它基本是景区运营的事物，如果要一心规划网红景区，那么要做的首先就是了解什么是网红景区。但这同时也解除了一种担心，那就是旅游规划界担心的会因为趋向于规划网红景区而造成资源浪费，因为无计可规划，自然也不会因此而浪费资源。

二、网红景区的“破坏力”真实分析

网络舆情多数视网红景区为洪水猛兽、异端邪物，恨不能将其置之于死

地。但网红景区真的有如此大的破坏力，值得人人喊打吗？其实可以从三个方面真实分析这些舆论。

（一）到底是谁在高呼唱衰网红景区

回到舆论的源头，到底是谁在高呼唱衰网红景区？从现有的媒体文章及相关评论来看，主要有三类：一是非运营端的看客；二是同业没有运作的竞争者；三是利益相关咨询机构。

非运营端的看客为何会唱衰网红景区？很简单，因为不了解、没参与，很自然地能够站在道德层面加以批判，比如说生态问题、拥挤问题、体验问题都是他们列举的问题。但是这些问题是否真实存在，绝大部分的看客是不知道的，对于真实情况的无知与网络言论的自由，造就了甚嚣尘上的批评舆论。

第二类的唱衰者来自没有进行此类操作的同业竞争者。因为知道同业在进行相关操作，也了解相关的客收数据非常亮眼，因为自己没有在运营中实施操作，反而会发出唱衰的言论，这大概也是市场竞争中的一种常见的做法。

第三类的声音非常坚决，一些与之有相关利益的咨询机构发出了强烈的反对声音。因为在这些利益相关者并不了解情况的情况下，经营运营取得了突破，而他们无法介入其中获得利润，因此这种反对的声音尤为巨大。这种反对的声音会随着这些机构逐步把握网红景区传播后而发生风向倒转，到 2018 年年底，这一批声音在逐步消失，就说明他们也已经正式利用网红景区传播这一趋势来获利了。

实际的进行过网红景区传播的运营者深谙景区运营的成本与压力，善于运用网红现象为自己的景区获得额外的利润，并立于景区竞争的有利位置。这方面的案例不胜枚举，如一直走在网红前沿的张家界、乌镇、故宫……近年来红火的老君山、石燕湖、白石山、大熊猫繁育基地等都是在积极运用网红景区传播，这些景区每次都稳稳地占着网红榜单，就知道它们用功之深，而这些努力也为它们带来了大量的游客，回报颇丰。

因此，从质疑者那里看到的是从未参与类似的运营，也不熟知网红景区的真正门道，而知道的却也不声张，趁着网红景区这一波趋势，在努力盈利创收。

（二）网红景区是否破坏了生态环境、造成了重大损失

关于网红景区的非议，第一方面就是网红景区将导致景区超过环境承载，

从而破坏景区生态环境，最终将带来重大损失。这一言论乍看非常正确，如果仔细分析，就会发现其中存在的不合理之处。

首先，景区一旦开始建设，对自然环境的破坏就在开始。如果要对自然环境不破坏，就必须不进行旅游开发，因为开发就会破坏。而网红景区恰恰是景区运营的事宜，而不是景区开发的事宜，所以说它的巨大环境破坏是无道理的。

其次，在我国现有的旅游形势下，网红景区人群拥堵的时候，应该首先想想，在有限的空间内，游客集中式的流动对于环境有一定破坏，但是形成规模流量后，能够集约化处理，反而降低了危害。

仔细想想，到底是网红景区破坏了生态环境，还是那些从未红火的景区破坏环境更多一些？我们可以看到，反而是各地分散的“不死不活”的景区，开建之初就大肆破坏了环境，建成后失去经济反哺，维护不及时，带来的环境破坏力度更大。最后景区破产，破坏了环境，还无法令其实现社会价值，造成了环境破坏与资金损失双重后果。

（三）网红景区是否拥堵为患、透支了景区潜力

第二个关于网红景区的非议就是，许多人认为网红景区拥堵为患、体验性差，透支了景区的潜力。

那么是否拥堵为患就是网红景区的罪过呢？从我国目前的实际情况出发，中国十几亿人口，假期又相对集中，能够被人记住的景区少之又少，根据营销学的规律，同类商品中能被人记住的往往只有处于前三的商品，即使网红不出的年代，拥堵也是知名景区必须承受的“公共责任”，所以并不是只有网红景区堵，而是有点名气的景区都堵。

那么拥堵是否就一定会带来体验性差，游客永不再来？答案是否定的！只要还红火，就会有游客源源不断地到来，那些永远都出不了名的普通景区，没有在沉默中爆发，往往就在沉默中死亡，因为根据营销规律，消费者只能记住同类的前三位的商品，旅游景区也不例外，从不入人法眼，也就在沉默中默默“死去”。

至于透支了景区潜力的说法也站不住脚。景区的发展潜力还需要靠持续地经营来发掘，如果运营资金不流畅，后续维护更不上，就更谈不上透支潜力一说，就直接是景区存亡问题了。

网上有些人列举了某些网红景区的衰落，这也不是网红景区的错，而是后续运营不利，跟网红本身无关，跟本身运营有关，不是网红导致了衰落，而是持续运营失败导致了衰落。运营不佳的景区，它的死活其实跟网红关系不大，因为它迟早会“死”的，只是早晚而已，运营得好的景区，网红就是助力，能助它们跨越式发展。

结语

网红景区不是洪水猛兽，也不是异端邪说，它只是在目前的时代发展背景下的一种传播现象而已，如果能利用好网红景区，是能够为景区的运营带来额外利润，助推景区跨越式发展的。

第三节　网红景区有何用

网红景区不是规划出来的，而是在运营阶段利用传播规律产生的。网红景区有何作用？这个问题只有回到运营端才能解答。

除了公益型景区（有财政划拨），一般景区在运营端有一个基本的要求，那就是——生存！景区一旦开始运营，就需要维护，就会有源源不断的费用产生，设备就在不断地老化之中，而生存就是景区运营的第一目标，先活下去才是第一要务，而营利则是景区进入运营阶段后的终极目的。一切有利于景区企业生存和盈利的手段都是好的手段，目前来看，网红景区就是一条非常好的应对生存、增加盈利的路径。网红景区对景区运营以下四个方面的巨大作用，使得它在2018年突然兴起。

一、对于新景区而言，网红景区可以迅速地引发关注、带来高起步的游客流量

在景区运营中，新景区是比较难以把握的，因为没有过往的数据可以参考，原本市场中也没有景区的身影，新景区在地区旅游中的地位也无从得知，

因此新景区运营很大的任务就是引发关注，确定游客心目中的旅游地位。而这些目标，没有比网红景区来得更多、做得更好的了。

网红景区能迅速地引发关注，随着信息的快速扩散，游客会在短时间内得到相关的信息，然后最短时间转化为景区游客。与慢慢积累口碑相比，网红景区带来的网络蹿红，能够迅速扩大游客来源，培养第一批景区游客，缩短了旅游景区生命周期的进入期与探索期，因此新景区总是想方设法地提高文案水平，加大策划力度，力求成为网红景区，成为地区旅游爆款。

对于新景区，人们对于景区的希冀与当前景区的游客量又直接相关，本地市场的“跟风”现象能够带来一大批的游客，拥挤的景区也是一种口碑，吸引着人们持续前往。

新景区成为网红景区，往往能够带来较大的游客流量，从一开始就让景区拥有了较高的起步，能够先声夺人，树立自身在旅游者心目中的行业地位，从而一开始就能够在周边的景区竞争正拥有一个较好的位置，一步领先、步步领先。

二、对于景区运营而言，网红景区可以迅速回笼资金，减轻运营压力

对于非公益型景区而言，景区要生存，首先就要有源源不断的现金流支撑平时的运营，状况再好一些最好能在 3~5 年内将投入收回，而这些现金流及投资回收，现在大部分景区还在靠门票收入，门票收入的多寡与游客人数直接相关。

网红景区能够迅速引发关注，并能够让关注转化为游客，并最终反映在门票销售上，有助于景区大量现金流的产生，也有利于快速地收回投入资本。

网红景区，能够达到迅速回笼资金的目的，以年度任务而言，一次成功的网红景区传播就能让全年的后续运营在较小的压力下进行。一次网红营销，就相当于通过网红传播增加了几个“五一”或“十一”黄金周的游客量，如果网红景区的持续效应比较好，甚至能够迅速地收回投资成本，何乐而不为？如果后续还能够持续不断地盈利，那么对景区未来的运营又有多大的帮助？因此，通过网红景区引发关注，带来大量客流，从而实现景区营收，无疑是运营中的优先选择。

三、在景区转型或者形象重构期间，网红景区能够使这种转型重构一步到位

中国旅游已经发展了 40 多年，许多景区开发的时间都在 10 年以上，景区一旦开发时间达到 10 年以上，景区形象老化就不可避免。而一旦景区形象老化，景区运营就很难推陈出新，道路上再难推出新意的时候，收客渠道的固化、原有目标市场客户流失就成为不得不面对的困境，至于新的市场开拓就更加无从谈起了。因此，对于 10 年以上的景区而言，景区转型或形象重构就成为当下不得不做的事情，这也是近 3 年来景区提升成为热点的原因。

而在景区面临转型或形象重构时，如果能够有效地利用网红景区进行传播，就能在短时间内起到引爆市场的目的，使传播能够跨越人群，迅速覆盖原有市场并强势打入新的市场中，由于新市场中游客本身没有景区之前老形象的负担，能够迅速接受这种转型或形象改变，从而迅速实现转型重构。

长沙的石燕湖景区、涞源的白石山景区、张家界的天门山景区，它们都曾用玻璃栈桥形成网红景区，从而一改过往的旅游形象，使人们的认知迅速改变，吸引了大批旅游者。其中网红景区打造让白石山景区从河北的普通景区，成为京津冀著名景区，5 年收入激增 500 倍。

即使是故宫这样名扬中外的景区，在不缺游客的背景下，景区形象也出现了老化。2015 年后，故宫景区通过营造网红形象，焕发了新生，并能够积极地吸引新的客群——新生代。2018 年“五一”期间，故宫排名网红景区第一名，可见其近几年来的探索取得了巨大成功。其故宫文创系列不仅为故宫赢得了良好的口碑，也为故宫带来了良好的经济效益，一年的营收达到 15 亿元。

四、老少边穷等区位的景区，营造网红景区有利于升维引客

按照区位论的基本理论，旅游景区的客源市场首先来自其 150 千米范围内的本地市场，这是景区第一级市场；然后是离景区 300 千米范围内的第二级市场；接下来是 500 千米以内的第三级市场及 500 千米以上的第四级国内市场。第一级市场非常关键，往往决定了景区的基本生存能力，如果第一级市场处于大都市区范围或者靠近高消费市场，那么景区就占据了非常有利的竞争位置。

但是并非所有的旅游景区都在 150 千米范围内靠近大都市区或接近高消费

的市场，尤其是一些老少边穷地区，就是因为区位差，经济发展也差，本地市场难以支撑这些景区的运营，在这种情况下升维引客就成了重要的路径。2018年年底的中央经济工作会议提出的“三区三州”就属于这种区域，这些地区的景区运营，就必须考虑升维引客的问题。

所谓升维引客，就是景区在本地市场中难以获得较大发展的背景下，越过第一级市场，积极向第二级市场、第三级市场甚至第四级市场积极引流，达到墙里开花墙外香的目的，积极吸引高消费市场人群，从而解决景区运营的客源问题。

网红景区的魅力就体现出来了，网红景区由于在虚拟世界传播，能够打破现实中的地域障壁，而且网络空间中，直达超一线及一线城市，实现升维传播，通过这种传播能够吸引到超一线及一线城市的游客，就达到了升维引客的目的。很容易跨过本地而直达全国。而且一旦形成网红，本地市场的负面评价或偏见很难见诸网络，能够在全国迅速的形成破壁新形象，使得景区轻松跨过原有的景区等级，获得新的市场。例如，百度搜索指数中输入“张家界”，可以看到居于前列的城市为处于第三级市场的北京、上海，然后是第二级市场的长沙、武汉及第三级市场的杭州、深圳等，“张家界”的关注中心明显不在本地，第一级市场张家界市并没有进入它的搜索前十大城市。从这个案例可以看出，当张家界成为网红景区之后，它实现了跨维引客，并获得了远远超出本地市场的高质量游客，这让它在中西部地区诸多景区中脱颖而出。

结语

网红景区对于新景区打开市场、确定地位，一般景区增加营收、加速投资收回，老景区形象转型和市场重构，以及老少边穷地区景区升维引流、跳出本地桎梏，都有着莫大的助力。它可以短时间内让景区快速增收，能大大缓解景区运营的压力，因此我们应当正视网红景区，并善于运用网红景区为景区运营服务。

第四节　网红景区：凭什么脱颖而出

网红景区不是规划出来的！它是传播出来的。妄图去规划一个网红景区，是敌不过传播的基本规律的，而网红景区的传播主体就是“90后”“00后”新生代，在全社会感受到网红景区越来越“红”的时候，其实这些景区已经在新生代社群中率先“火”过一段时间了，社会感受到的不过是传播的扩散效应而已。

新生代圈层化的信息获取、个性化的出游方式、情感表达式社群、生活化旅行、迭代式消费对于网红景区的传播影响巨大，而网红景区所传播的内容也特征鲜明，网红景区必定是一段时间内的热门景区，但是热门景区却不一定是网红景区，因为它们传播的内容不一样，传播的结果也不一样。那么，网红景区传播的内容有什么特征？它们凭什么脱颖而出？一言以蔽之：强烈的标识性！这种强烈的标识性，有以下六方面的特征。

一、强烈的画面感

强烈的画面感是多数网红景区得以传播的重要原因，也是新生代愿意传播网红景区的重要原因。强烈的画面感，能够对视觉造成重大的冲击，视觉的冲击对于人而言是最直观的感受，而这种冲击在智能手机端尤为强烈。究其原因是在资讯日益发达的今天，人们每天接触到的信息量极大，但这些信息却极其零散，这种情形下能够让人目光停留而且能够产生深刻印象的画面，就能够脱颖而出。

如果一个景区，拥有一处能够产生强烈画面感的所在，那么这个景区就能够从众多的信息点中脱颖而出。让人记住了画面，就记住了景区，不需要文字、不需要声音就能够带来巨大的关注。如果这一画面感，出现的频次非常高，而且每个人都能够简单地操作加以重复，那么大量的近似照片就能够占据传播端的热点，在网络上会形成巨大的流量，从而使景区成为网红的潜力就大大增加。因此，一个景区苦苦寻求各种突破，不如在景区内找一找，有没有强烈的画面感的所在，如果有，把这个画面重复它、传播它，胜过万千台词。

一个明显的案例就是婺源的篁岭，篁岭成为网红景区与它的“晒秋”紧密相关，但最重要的不是“晒秋”的仪式、参与感或其他，而是画面感。在篁岭整个山村徽派建筑风格下，青山绿树黑瓦白墙，配上大小几乎一致的圆盘簸箕，圆形的簸箕在方形的建筑里十分协调；簸箕里是红彤彤的辣椒，或是红黄相间的农产品，又是另一种构图的美（见图 2–5）。这个场景极具画面感，很有冲击力，而且游客很容易重复拍摄，当大量的此类照片在手机端重复闪现时，篁岭就“网红”了。

图 2–5 江西婺源篁岭的晒秋画面感突出

（来源：视觉中国）

二、强烈的代入感

网红景区的传播能够脱颖而出，另一个特征就是具备强烈的代入感。所谓强烈的代入感就是能够从视频或画面中让人产生强烈的参与其中的感觉，即使还没有去现场，就能够让人体会到参与其中的快乐感、或刺激感、或惊险感，让人情不自禁地想要亲身参与，让人想想就欲罢不能。

一个景区有这样的具有强烈代入感的活动，在以往可能会形成一个区域性的热点，但是在智能手机端统治下，新媒体传播主导背景下，这些具有高代入感的活动就会随着视频传播在新媒体中迅猛传播，跨越区域的局限，在全国迅速蔓延开，从而成为网红景区。

例如，西安永兴坊的摔碗酒（见图 2–6），隔着抖音视频都能够感受到掷摔碗酒得平安的氛围，而且摔碗动作本身就有北方特有的豪迈，能让人不由自主地代入其中，去喝上一碗，然后狠狠一摔，感受这种豪情。

图 2–6 西安永兴坊的摔碗酒

（来源：视觉中国）

一个景区如果仅有活动具有强烈的代入感，会成为一时的网红，如果这种代入感仪式被模仿，会很快地褪色，然后热度大减。例如，全国各地都出现摔碗酒后，西安永兴坊的摔碗酒就没有那么红火了。但是如果这种代入感还伴随着强烈的画面感，那么就能够成为一个有持续热度的网红景区，如茶卡盐湖。

茶卡盐湖，不仅仅是蓝天之下映衬着蓝色的湖面，然后美美地拍上一张图片，更具有代入感的是女生穿上一袭红衣在湖天一色之下的翩翩起舞，空灵与神圣的感觉兼备，画面感、代入感非常强，各个年龄阶段的女性都希望参与拍摄，促进了茶卡盐湖的持续网红。

三、新奇感

新生代对世界充满了探知欲，愿意尝试而且勇于探索，因此新奇感的事物尤其能够引起他们的注意，因此当景区具备足够的新奇感，也能迅速地引发新生代的社交圈层兴趣，加上新媒体的助推，也能够积累相当的知名度，从而形成网红景点。

例如，玻璃廊桥尽管红火了三四年，但是当奥陶纪公园的世界第一悬空廊桥诞生后（见图 2–7），新生代们还是被它巨大的悬空跨度，高刺激的悬空活动，如高空荡秋千、走空格等项目震撼到，这种超越一般景区的新奇感，引爆了奥陶纪公园成为 2018 年“五一”期间的全国十大网红景区，而且这种“网红”效应持续至今。

图 2–7　重庆奥陶纪玻璃廊桥

（来源：视觉中国）

另外，像宁乡市的炭河古城吃辣椒挑战赛，营造的参赛者在红辣椒海洋中挑战的场景（见图 2–8），具有十分的刺激性兼具冲击强大的画面感，比起国内吃辣椒比赛的一本正经用盆装，这个辣椒海洋中的比赛，更具新奇感，因此短时间内引发新生代的注意，使得炭河古城成为湖南新晋网红。

图 2-8 湖南宁乡炭河古城的吃辣椒挑战赛

（来源：炭河古城网站）

四、个性感

与“50 后”“60 后”“70 后”“80 后”不同，“90 后”“00 后”的新生代们对于知识的获取方面，受到信息碎片化的影响巨大，而小众化、冷偏门但具有特质性的事物，就常常被新生代认为具有个性感，这种个性感往往能在圈层社群中被推崇备至，这些传统上被视为亚文化圈中的热门事物，会有一定的概率发展壮大，形成网红。在社会生活中的以往属于冷门的二次元文化，现在已经在新生代中被普遍接受，就是一个例证。

景区也是如此，某些景区因为具备某些新生代社群圈层的喜爱，而逐渐成为流行的热点，从而走红。例如，重庆的长江索道（见图 2-9），因其经常被文艺范儿的导演关注，用以表现重庆的本土气息，逐渐在新生代中产生了这种老景区也很有文艺特质的认知，坐这种老式的过江缆车就变成了非常有个性的感受重庆城市文化的行为，在此背景下重庆长江索道今年意外走红，成为网红景点。

图 2-9　重庆长江索道

（来源：视觉中国）

而同具画面感与个性感的重庆李子坝轻轨站也在今年爆红，成为重庆的网红景点、新生代打卡圣地，也是同样的原因。

五、认同感

因为新生代多为独生子女，虽然在家中父母给予的爱很多，但是隔着年纪，难以产生认同感。这时候同龄或同圈层社群的人之间的认同感就显得格外重要。在线下交流相对程式化的同时，在线上圈层社群中的认同感就更加突出。一旦出现能让新生代产生强烈认同感的事物，就会在圈层社群中热捧，这种热捧一旦有一定概率能够扩散外溢至圈层外，从而形成网红。

景区也是如此，如果景区的信息或形象能够让新生代产生认同感，那么就有很大概率脱颖而出，成为网红景区。例如，故宫录制的《我在故宫修文物》中屈峰、王有亮等新青年从事着重复单调甚至无聊却又是心传的手艺时，影片认同了新生代的时代精神，也让新生代产生了极大的认同感，在这一纪录片后，故宫的网红气质步步攀升。

广东顺德因为《寻味顺德》中特地加入了新生代对顺德美食的继承与创新，得到了新生代的认同。2018 年纪录片播出后，顺德成为广东新晋网红，诸多美食店成为打卡之地。《寻味顺德》剧照如图 2-10 所示。

图 2-10 《寻味顺德》剧照

（来源：纪录片截图）

六、反差萌

反差萌，是指 ACGN 中，即 Animation（动画）、Comic（漫画）、Game（游戏）、Novel（小说），人物表现出与原本形象不同的特征或多种互为矛盾的特征同时存在。当两种或多种萌点相互矛盾，产生反差却又相互衬托时，反差萌便产生了。运用到景区中，可以是本来严肃古板的东西，用幽默俏皮的手段表现出来；或是本来刚毅的东西，用柔美表现；或本来深刻的东西，用调侃表现……这种反差萌对于新生代而言，会有较大的吸引力。

具备反差萌属性的景区，会在新生代社群圈层中传播，在特定的契机下，产生向外扩散，继而形成网红景区，比较具有代表性的就是故宫和洪崖洞。

故宫是因为故宫文创对原本故宫的严肃文物进行了反差萌处理，并在网络广泛传播。例如，历史上素以铁血冷酷、正襟危坐而著名的雍正帝、洪武帝，被萌化后，雍容中不乏俏皮，能给新生代以巨大的反差萌（见图 2-11）。故宫因此吸引了大量新生代粉丝，奠定了它在网红景区中的榜首地位。

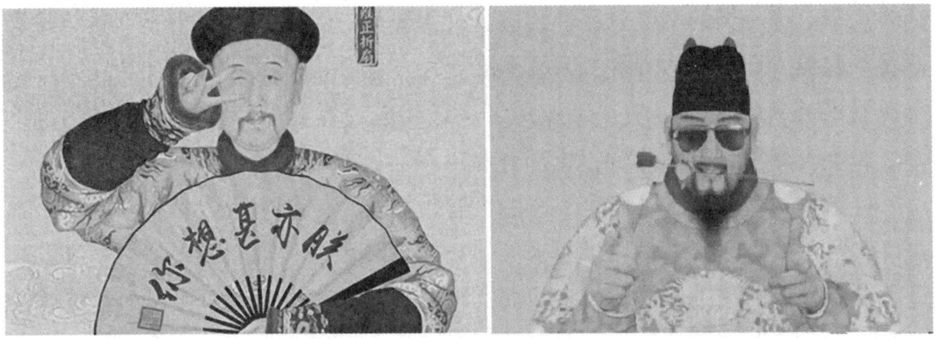

图 2-11　故宫雍正帝与洪武帝的萌化图

（来源：故宫淘宝网站）

洪崖洞则是新生代将洪崖洞这一重庆本地休闲场所与日漫《千与千寻》中汤婆婆的汤居产生关联后，形象发生萌化改变，改变了以往呆板的仿古建筑形象，仿古建筑与二次元的碰撞，产生了巨大的反差萌，进而带动了新生代的打卡行为，最终成为风靡一时的网红景区。

结语

在当今景区林立的大环境中，网红景区能够脱颖而出，并成为社会的热点与旅游流量的聚集点，能够让新生代产生共鸣的强烈的标识性是关键，而要完成这一关键环节，可以从强烈的画面感、强烈的代入感、新奇感、个性感、认同感、反差萌等方面入手，积极实现网红传播内容的突破。

第五节　网红景区：它的打造有迹可循

从网红景区的产生方式而言，主要有被动型和主动型两类网红景区。所谓被动型网红景区就是非景区的自发行为，而是通过新生代在网络上自发的传播形成的旅游热点，进而成为旅游打卡之地，整个景区在爆红过程中处于被动接受的状态。这一类的网红景区非常多，如洪崖洞、茶卡盐湖、李子坝轻轨站等都属于此类。而另一种则是主动型网红景区，就是通过景区主动传播的行为，实现景区被新生代所接纳并迅速蹿红，最终成为爆款的景区，这一类的也不少，如重庆奥陶纪玻璃廊桥、成都香薰山谷、长沙 IFS 等。

对于被动型网红景区而言，它的内容传播符合了新生代内容需求的某个方面，然后在社交圈层中就火爆起来了，它的蹿红难以预测。而主动型网红景区是通过有意识地利用传播规律打造而实现的，它的打造有迹可循，而且能够被操盘。主动型网红景区的打造可以从以下三个方面着手进行：第一，项目型网红景区打造；第二，引流型网红景区打造；第三，内容型网红景区打造。

一、项目型网红景区打造

项目型网红景区的打造就是通过引入网红项目从而带来的轰动性效应，最终实现景区走红的目的。在旅游中，本身就有一些创新项目，它们能够在短时间内吸引人们的注意，并且能够将这种注意力迅速转化为人们的打卡行为，它们就是网红项目。比如，2015 年以来十分火爆的玻璃廊桥项目、夜景项目，以及前几年十分红火的花海项目、飞拉达项目等。

运营者只有保持对行业的敏锐性，才能发现合适的网红型项目，并且在其效应释放之初果断引入，抢得先机，迅速打造网红景区，占领风口，奠定网红地位。例如，2018 年 6 月火遍朋友圈的越南岘港金桥就是一个典型的网红项目带火网红景区的经典案例。这座金色大桥是巴拿山深泰酒店花园的全新项目，从 6 月初该区域对巴拿山的游客们开放，总投资达到 20 亿元，这座桥梁共包含 8 个跨度，长度接近 150 米，悬置于海平面 1400 米之上，这座桥梁看起来像是一个金色的缎带，被捧在从山坡两侧伸出的两只巨大手掌之中（见图 2–12）。一经推出，越南岘港金桥“快到手里来”成为最响亮的口号，巴拿山也因此成为网红景区，成为国际游客打卡的必备之处。

图 2–12　越南岘港金桥俯视图

（来源：视觉中国）

有许多新项目在推出之初会呈现出爆红的状态，但是这种项目能不能成为网红项目，要看它们是否具备以下特点。

第一，有较高的辨识度，带有明显的标签符号。

就是这个项目在场面上、规模上，能够呈现出非常高的辨识度，能够让项目本身自带标签符号。比如，玻璃廊桥的适度刺激与惊险，花海的图画性美景。

为什么太空穿梭一类的项目，能够成为游艺园区的热门项目，却难以成为带动景区发展的网红项目，因为辨识度不高；为什么以往互动类主题公园中，往往是过山车最容易成为网红项目，就是因为它的辨识度与标签化符号性强。

第二，要有广泛的参与基础，能够有便捷的途径感受到项目标签。

为什么以前的4D电影、现在的全息影像这类项目，它们的观感好、刺激性也强，却很难成为网红项目，究其原因还是因为参与性不够，以及被动式输入难以形成主动愉悦。同样地，属于刺激与惊险型的高空蹦极项目为什么也难以成为网红项目？因为它的参与度远远不能与玻璃廊桥相比，难以形成传播效应。

图 2-13 梯田景观

（来源：图行天下）

不但要有广泛的参与性，而且要有能够便捷的感受项目标签的可能，如平面型的农业景观也很难出现网红项目，因为观赏它们需要借助无人机等空中手段；而梯田类很容易出现网红景区，就是梯田类景观能让人在不同的高度自然感受出这种美景（见图 2-13），并且能够方便地拍照，迅速地传播，而不需要借助无人机等形式，很自然地就能够实现网红效应。

第三，要注意项目的阶段性与适用性。

网红项目能红多久，这个需要时刻检测，如果网红项目已经出现一段时间，本地区景区引入的力度已经很大，多数游客也已经见识过此类项目，那么网红效应很快就会面临过时，网红的标签就会消退。

网红景区的适用性则是指景区的场地条件是否适合进行此类的网红型项目，如多暴雨的地区做花海项目，往往会因为雨水冲刷而致使景观稀疏，呈现出难看的状态，即使是网红项目，条件不适宜，也难以呈现网红效果。

二、引流型网红景区打造

引流型网红景区打造则是指通过引入意见领袖（KOL）或“网红”，直接让它们的流量流入所打造的项目，从而形成网红景区。

新生代的信息获取为圈层化信息获取模式，在每一个他们常常参与的圈层中，往往会有相应的意见领袖，这些意见领袖有着巨量的粉丝，能够引领圈层的潮流，如吴晓波小试牛刀，制造的青梅酒在短时间内销售一空，就是圈层流量变现。

这些意见领袖，如果他们在旅游方面的流量变现，如举办活动、打造民宿或建造景点往往能够带来大量的粉丝追随、传播，景区会随着他们的引流而迅速被人关注到，从而成为网红景区。这其实是一种流量在旅游中的变现方式。例如，广东罗浮山下的禾肚里稻田酒店（见图 2-14），其创建者就是两个原本培训机构的意见领袖，在创建了稻田酒店后迅速实现引流，并且将流量加以兑现，让稻田酒店迅速走红成为网红民宿。

图 2-14　网红民宿禾肚里

（来源：Fiona）

一些在直播、游戏、娱乐或其他领域产生的"网红"也有着大量的粉丝，将这些"网红"引入景区，以直播、视频、图片、软文等形式呈现，都可以为景区带来大量的曝光、大量的传播，景区也会在短时间内实现流量激增而成为网红景区。例如，成都的香薰山谷，在 2018 年上半年聚集了大量网红在抖音上进行营销，从而让它迅速蹿升为成都有名的网红景区。

三、内容型网红景区打造

除了网红项目塑造网红景区及网红引流塑造网红景区两种途径，第三种方式就是内容型网红景区打造。内容型网红景区打造是通过系统的发掘景区的特点，然后有针对性地宣传相应的差异化爆点内容，从而让景区走红的方式。

内容型网红景区首先要做的就是找到自己的差异化的内容，这种差异化的内容要符合强烈的画面感、强烈的代入感、新奇感、个性感、认同感、反差萌中的一项或几项，然后通过系列化的内容生产强化这种传播，从而最终让网红景区得以实现。

例如，在贵州铜仁大峡谷的开业过程中，景区方就以铜仁唯一的大峡谷景区马上要开放了作为切入重点，通过连续近 30 篇的微信内容稿进行持续传播，其中 2014 年 6 月 4 日“铜仁要出大事了”一文迅速发酵走红，单篇阅读量达到 640 万，为景区赢得了大量粉丝，也使得铜仁大峡谷得以爆红。

差异化的定位与系列化的内容，最终都要通过相应的引爆，从而让景区在这一契机下走红。例如，张家界玻璃廊桥网红项目，前期内容体系的生产仍旧不能破除围绕玻璃廊桥的质疑——玻璃那么易碎，玻璃廊桥安全吗？文案引爆创新就在这种质疑下诞生，两个极具冲击力的动态画面出现：一个是 BBC 小伙抡起大锤砸不烂玻璃廊桥，另一个是汽车在玻璃廊桥上前行安然无恙，强烈的反差带动了疯狂的传播，张家界玻璃桥爆红全国。

可以通过事件进行引爆，也可以通过活动进行引爆。前者通过主动创造争议性事件，从而迅速获得关注，加速网红的诞生，后者则创造轰动性活动，同样能够吸引眼球，获得迅速传播，形成网红景区。

事件型引爆的案例很多，包括“宜春，一座叫春的城市”“我靠重庆”等诸多的经典营销实践。其中“我靠重庆”是湖北利川旅游局利用网红事件有效引爆的经典案例，2012 年一个“靠”字被人赋予了网络词语的含义，并带有一定的贬义。恰在此时，从 2012 年 6 月开始，为了在重庆宣传推介利川旅游资源，利川市旅游局在重庆做了公交车车身广告“我靠重庆”（见图 2–15），意料之中地引发了重庆社会各界的极大争议。其后利川旅游局又利用这波热度，在重庆多条线路的公交车身上展现了“重庆 42℃，利川 24℃”“我靠重庆，凉城利川”“热！到利川凉快去”等广告语，不怕事的重庆人迅速在网上 Diss 了利川，反而让利川“凉都”的传播极为广泛，从而达到了爆红自己的目的。

图 2–15　重庆公交上的利川广告

（来源：中国片刻）

活动型引爆的案例也非常多，包括2006年俄战机飞跃张家界天门洞、2018年的黄龙洞钢琴音乐会等。其中2006年俄罗斯战机飞跃天门活动，成为整个世界关注的内容型营销活动，让张家界在全世界得以展示自己，造就了张家界世界级网红景区的地位，也为后来吸引《阿凡达》的电影拍摄埋下了伏笔。2018年的黄龙洞音乐节也是如此，集结121位钢琴家，在孤耸的高峰、在唯美的稻田、在神秘的洞穴……在能够展示黄龙洞险、俊、奇、美、古、幽、幻的地方都做了非常好的展示，唯美的照片、视频与钢琴上的"黄龙洞"三个字成了流量眷顾的热点（见图2–16）。

图2–16　黄龙音乐节场景

（来源：张家界官方网站）

结语

网红景区并不是一种偶然现象，它的成功有迹可循，它的打造也有特定方法，掌握传播规律通过项目引流、网红引流、内容引流文案引爆可以有效地打造网红景区，实现景区的迅速爆红，从而带来大量的现实效益，这在国家免降门票的背景下，显得尤为重要。

第六节　网红景区中的“打卡”是什么意思

2018年，由新生代掀起的网红景区热潮如约而至，在这场波澜壮阔的网红景区热潮中，有一大批景区趁势崛起。在此次热潮中，经常能听到一个词语，那就是“打卡”。“打卡”是什么？它对景区而言意味着什么？

一、“打卡”是什么

网红景区现象中，“打卡”成为新生代旅游消费中频繁出现的词汇，正确地理解“打卡”这个词的含义，有助于从业者正确地认识这些行为。

“打卡”一词来自职场，本意是“工作人员上下班把考勤卡放在磁卡机上记录上班和下班的时间”。但在网络中传播后，衍生成为来“提醒戒除某些坏习惯所做的承诺，或者为了养成一个好习惯而努力的一种记录”，继而演变成为“新生代对某种坚持事宜或态度的记录”。

工作打卡的目的是让公司知道工作人员上下班了，而在新生代语境下，“打卡”是一种圈层文化理解与获取认同的记录行为，即在现实中完成点丁点卯的任务，然后在网络上把这一行为记录并分享出来。

与“打卡”类似的是一个词是“mark”，在网络上看到某篇文章或某件事情，引起了自己的注意，在网络上标注一下。

“mark”与“打卡”都是在网络上记录自己的个人行为，并将之公开。“打卡”更加趋向于圈层认可与交流，但mark则更加偏重于个人记录行为，属于私人领域。相对于“mark”的纯线上行为，“打卡”是“线上获取信息—线下实践体验—线上标记分享”的综合性行为。

“打卡”会真实地发生线下行为，而“mark”则不会。二者都代表的是一种记录行为分享，“mark”层次更浅，只表示“我留意到了”，未来可能做，也可以能不做。“打卡”则意味着，已经完成该体验，与大家分享这个记录。

二、认清“打卡”，它并不代表认可

“打卡”与“mark”类似，其实没有明显的情绪倾向，就如新生代对某篇文章“mark”一下，并不代表对此文赞同或不赞同，只是记录下“我留意到了这个”而已。旅游“打卡”也不是表明倾向性立场，旅游“打卡”也只意味着两件事：第一，这个圈层信息中热议的地方我来过了；第二，我拍图或我录视频验证了，并且我在圈子中上传了。仅此而已，用流行术语解释下就是“朕已阅”或“翻牌子了”。

打卡，并不意味着认可，更不代表认同或满意。仅仅是“我看到、我来（尝、游、体验）过、我拍过、我分享、我走了”。

最鲜活的一个案例就是伴随着《寻味顺德》的红火，其中的“牛展煲仔饭”成了网红，也成为新生代去顺德旅游的“打卡”之地，但“打卡”的理由并不是牛展煲仔饭有多好吃，而是因为牛展的服务态度较差，经常会骂顾客，很多年轻人“打卡”去看牛展骂人。“打卡”牛展煲仔饭，对于他们来说，更多地表示我来过了，见识了这样一个“奇葩”的老板。有关牛展煲仔饭的点评如图 2–17 所示。

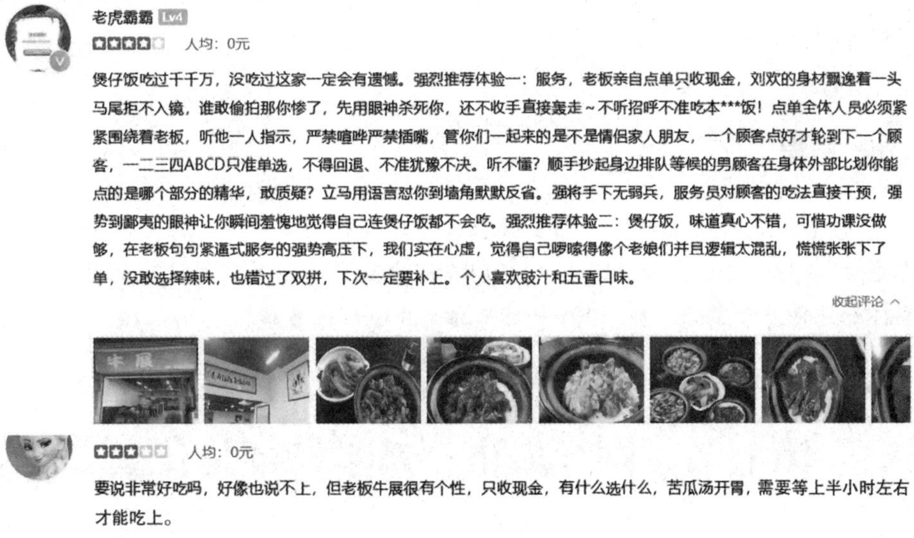

图 2–17　牛展煲仔饭的评价

（来源：大众点评网）

三、善用“打卡”式旅游

但是这种新生代“打卡”式旅游，却是一个巨大的流量，伴随着巨大的流量，会有诸多的点丁点卯的人群过来，他们并不是深度旅游或者体验者，很可能不会有巨大的消费或更多的二次消费，他们所求者可能只是一张图或一段视频而已，这种网红很容易造成虚假的繁荣。

因此，从业者要认识到，从“打卡”到真实的旅游流量消费是一个巨大的跨越。这种网红，如果没有后续的巩固，很可能会昙花一现，甚至由于拥挤导致体验感太差，成为负面新闻的来源，进而影响到景区的口碑，为景区带来负面效应。

警惕打卡式旅游，如果景点景区中出现了这种爆款，迅速地开展行之有效的流量转化手段，形成二次消费甚至是回头客消费，并增强网络的正面引导，巩固流量的基本面就显得非常重要了。

当然，拥有“打卡式”旅游，就至少说明一点——景区“网红”了，是不是？网红了就有诸多可能，红了就能带来运营成本的下降等诸多好处。网红景区一旦形成“打卡”效应就能够带来相关的流量效应，能够为景区运营带来实质的效益，而如何将“打卡”转化为合适的二次消费或者长期的客户就要考验运营者的智慧了。

结语

“打卡”成为新生代旅游的重要表现方式，标明了新生代对于该旅游事物的关注，“打卡之旅”也成为一种在朋友圈中高光表现并获得认可的方式。随着新生代旅游方式的扩散，“打卡”逐渐向其他群体蔓延。

第七节　网红城市：基本特征是什么

网红城市是 2018 年“网红效应”带来的产物，它是通过网红效应，使得城市形象迅速得以传播，成为人们能够耳熟能详的目的地。那么网红城市，有哪些？它们的基本特征是什么？本节将一一阐述。

一、网红城市有哪些

简单地在网络上搜索一下 2018 年出现的网红城市，也结合抖音发布的《短视频与城市形象研究白皮书》，可以罗列出以下的网红城市：重庆、西安、成都、武汉、长沙、南宁、郴州、衡水、临沂、恩施、茂名、正定、顺德……这些网红城市占据了 2018 年的城市形象传播的显著位置，即使是北上广深这样的超一线城市也没能夺走它们的光芒，即使是广深等城市年末声势浩大的改革开放 40 周年灯光秀，也未能撼动它们的网红地位。

而仔细研究上述网红城市，从中寻找出它们的规律，能够对未来城市形象营销有着重要的指导意义。从上面列举的网红城市，其实可以明显地按规模分为两类：一类是新一线城市网红城市；另一类是非一线城市网红城市。

新一线城市是《第一财经周刊》提出的一个中国城市概念，它根据商业资源集聚度、城市枢纽性、城市人活跃度、生活方式多样性和未来可塑性五大指标综合评比后划分的名单，它们反映了由原有的二线城市快速发展而新晋的一线城市。在上述的网红城市名单中，重庆、西安、成都、武汉、长沙等都属于新一线城市，南宁、贵阳等则属于即将进入新一线城市的候选城市。

非一线城市网红城市首先不是一线或超一线城市，它们多数连二线城市都不算，更多是属于三、四线城市，它们很多属于中小城市，上述网红城市中的恩施、临沂、衡水、茂名、正定等都属于这一类型。

那么这些网红城市有什么特征？是不是所有的新一线城市都是网红城市？不是的！而非一线城市中脱颖而出的网红城市也是凤毛麟角。

那么网红城市有什么特征让它们脱颖而出？通过网红城市研究分析，发现有两个特征是两种体量的网红城市都具备的，另外还有三个特征是独属于非一线城市网红城市的。

二、网红城市的共同特征

（一）共同特征一：本地有浓厚的休闲娱乐文化

不论是重庆、西安、成都、长沙等这些新一线城市网红城市，还是恩施、临沂、茂名、顺德等这类非一线城市网红城市，都拥有的一个显著的特征就是本地有着浓厚的休闲娱乐文化。

因为这些城市本地化的休闲娱乐文化发达，本地就非常有地方韵味，本地娱乐本身就自成语境，同时这些休闲娱乐文化还要能接地气，受众广泛。例如，长沙一直以来就是全国闻名的娱乐城市，夜间经济非常发达，湖南卫视又是全国的娱乐焦点，能发掘众多的本地娱乐文化，本地休闲自成体系。重庆、成都更不用说，本地人的休闲娱乐程度之高，令全国震撼，重庆、成都本地人即使天塌下来也不能耽误当天的娱乐生活，因此一直以来就有“少不入蜀、老不出川”的说法。顺德也是本地休闲文化非常发达，顺德本地人的早茶文化、本地人的饮食文化经久不衰，一到顺德就能看到一大批顺德本地人一上午就在早茶馆里度日的悠闲场景……

光有休闲氛围还不行，还要能接地气。为什么江浙地区有浓厚的休闲文化，也有相当人群在传递，仍然不能成为网红城市？因为江浙地区太雅、格调太高，还不是目前全国人民能够欣赏的水准，所以在目前阶段江浙文化因为过于文雅，反而很难形成传播。江浙等地的城市文化由于太雅，传播出去后，很难引起共鸣，虽然在本地区能够非常火热，但也没能在 2018 年这样的节点时期成为网红城市。但随着国人的文化素养及生活追求提升，未来高品位的文化必将被越来越多的人所追捧，那时候江浙地区必然是闻名全国的网红区域。

综合比较，相较于全国其他城市，上榜的这些网红城市，烟火气息、市井文化、娱乐休闲氛围更加浓厚，吃、喝、玩、乐等非常丰富，本地化娱乐自成体系，这是 2018 年所有网红城市的共同的一个关键特征。

（二）共同特征二：善于自嗨，本地能形成良好互动

每个城市都有相应城市的特质，有许多城市是内敛的，有许多城市是冷漠的，网红城市的特质是什么？是自嗨！

一个能够自嗨的城市是指城市内部大家的互动性特别好，在一定的平台或者社群下，整个城市能够很好地实现互动；或者即使不是整个城市能够形成良好互动，城市的本地人也能够形成顽强的互动交流体系。这也是网红城市的共同特征。

正是因为本地能够形成良好的互动，本地事务能够在相应的平台或社群软件中形成较好的交流，本地有相关的槽点、热潮都能被迅速地分享。这是网红城市产生的另一个关键特征。

从抖音、快手、微信、今日头条等新媒体的短视频、消息产生的统计来看，网红城市自身的视频或信息产生的量都不是最大的，北、上、广、深、杭才是牢牢地占据着新媒体视频或信息产生量前五位的城市，但是它们都不是网红城市，这些城市产生的单条视频或信息虽然多，但是城市内部的互动太少，传播量与转发量反而不及网红城市，因此很难形成网红效应。北、上、广、深这类城市产生的视频或信息并不能够在城市内部形成很好的互动与交流。它们是信息中心，更多地是面向全国扩散的，而不是本地交流互动的。也就是说新媒体产生信息量最大的城市并没有形成良好的阅读、转发、传播效应。

对于新一线城市而言，唯有本地具有浓厚的休闲娱乐文化气息，才能够顺利地同化外来人群，这些人群包括随东部产业转移而来的人群及全省其他地市城镇化而来的人群。在城市文化俗一点、烟火气息浓一点、娱乐氛围强一点的城市背景下，反而能够让城市移民迅速融入，进而成为城市的一分子，并愿意为自身所在城市分享转发信息。

例如，网红城市中的南宁，当一件新鲜事物出现的时候，微信朋友圈能够迅速形成打卡潮，同时也能够迅速形成吐槽潮，本地人的互动性特别强，城市的热潮能够迅速在城市内部扩散，并通过在外地的人群向全国扩散。成都、重庆、西安等城市都是如此。而顺德则更有意思，在顺德本地人中，他们形成了一套非常好的互动交流体系，只要是顺德本地的新鲜事物，或者能够反映顺德发展成就的信息，总能被广泛传播甚至能够超出国界，传播到全世界。

因此城市本身能够自嗨，城市内的人群能够很好地互动交流，形成阅读、转发、传播，这种情况下，网红城市才会诞生。这也是给了类似恩施、茂名这样的三四线城市以机会，让它们能够从海量的中国城市中脱颖而出。

三、非一线城市网红城市的独有特征

新一线城市由于具备巨大的人口基数，比较强劲的经济实力，较为强大的传播力量，因此只要具有以上两个特征，很容易成为网红城市。但是非一线城市想要成为网红城市还需要以下特征来补足它人口不足、经济较差、传播能力较弱的缺陷。

（一）特征一：处于大都市区辐射圈层或本地人口众多

类似临沂、衡水这样的网红城市，人口众多，本地互动氛围良好，很容易产生和形成大量的传播信息。而另一部分则是本地人口不足，但是如果它们处于大都市圈的辐射范围内，如恩施就处于重庆大都市圈的辐射范围、正定是京津冀的辐射范围、茂名是大珠三角都市圈辐射范围，本地人口不足，但有大都市圈的人口基数作为保证，只要闻达于大都市圈，不愁相应的传播人口与基数，也不缺媒体宣传。

（二）特征二：大量小镇青年或新生代群体

在这些网红城市中存在大量的使用新媒体的小镇青年或乐于展现自我的新生代，这是一个基础，因为网红城市的诞生很大程度上就是新媒体传播对于传统媒体及PC端传播的颠覆。自媒体时代每一个个体都是媒体信息源与接收源，因此有足够的信息源能够创造出信息，并且有足够的接收源愿意响应信息，并在此传播，就成了传播的关键。要创造和接收信息，并在此转发传播，就需要具备两个条件：一是有闲；二是创造的信息足够有趣。

同时具备这两个条件的唯有新生代。新生代相对来说是比较有闲的，新生代本身的时间较为充裕，无论是在校的初高中生、大学生、研究生，还是踏入职场的新人，都有较多的闲暇时间，而且可以较为不功利地分享及传播信息、视频、创作等。另外，新生代有创作活力，能够有较多的创新，从而能够引领新媒体创新，能够比较容易地超越圈层，形成整个社会的共识。

退休人员有闲，为什么很难形成网红传播？因为他们经历了人生阅历后，一方面很功利，另一方面做的内容创新少，过时陈旧。而且对于新媒体比较迟钝，一般而言，退休人员已经是最后一批接触新媒体的人员了。因此，退休人员很难成为新媒体视频及信息的创造者、分享者，即使有分享，也很难让其传播超越圈层。

在非一线城市网红城市中，存在大量的新生代，如果这些新生代还具有小镇青年的特征的话，那就很容易形成对新媒体的使用与传播，快手、抖音的大量使用者都是这些人，在衡水、郴州、茂名、恩施等城市大街小巷可以看到的是刷快手及抖音视频的新生代，他们为创造、传播本地的休闲娱乐文化起到了不可替代的作用。这些网红城市的新生代补抓了城市的休闲娱乐元素，上传至新媒体平台，又引发本地跟风转发、传播，然后阅读量足够大的又被平台推荐至全国，这样网红城市的相关信息就被传播出来。

（三）特征三：拥有通向大都市圈的便捷交通，特别是高铁

单纯的本地传播还不足以成为网红，还有超越圈层后，来自大都市圈的打卡及追捧，因此拥有通往大都市圈的便捷交通就至关重要，尤其对于新生代而言，他们的出行推崇高铁，那么高铁能够直达的区域就对打卡、信息在传播非常重要了。

可以看到的是茂名、郴州、恩施、临沂等网红城市都是拥有高铁停靠站的城市，都能够迅速地拉近与大都市圈的距离，这些非一线城市毕竟人口少、经济弱、媒体力度小，因此它的超越圈层必须借助大都市圈的力量，隐蔽方便快捷的连通大都市圈与这些城市的路径就非常关键。一旦有了这种连接之后，本地的力量加上大都市圈的传播，就能够迅速炒热整个城市，这也是茂名今年才火爆的原因。在交通不便捷的情况下，只有本地的自嗨，没有活水注入，也会很难超越圈层，实现网红。

结语

城市营销的战火越来越旺，网红城市成为许多城市在营销方面的重要选择，然而网红城市自有其特性，各城市在努力寻找网红城市营销突破的时候，尤其要注重自身城市的固有属性，符合相应气质的城市不妨大胆地进行网红城市营销，不符合相应气质的，应当审慎对待这一新生事物，不易轻耗财力。

第八节 网红城市：靠 BEST 还是 APPA

抖音、头条指数与清华大学国家形象传播研究中心城市品牌研究室联合发布 2018 年《短视频与城市形象研究白皮书》（以下简称《白皮书》），在《白皮书》中，三大机构对城市形象在抖音视频中的符号承载总结为 BEST 四个方面，即 B—Background Music（城市背景音乐）、E—Eating（饮食）、S—Scenery（城市景观）、T—Technology（科技感设施），这四个方面是三大机构认为的城市新形象传播的四个方面。

然而纵观全球的各个城市的形象宣传视频，其实都集中在这四个方面，为什么有的城市成了网红城市，有的城市还是停留在默默无闻的阶段，并没有扩散开来？因此《白皮书》阐述的是一个基本的统计结论，而不是一条可行性的路径，按照BEST不会错，但是也难以从众多城市形象宣传中突出重围，对网红城市传播的要素进行重新审视与提炼，得到能够在现实中指导网红城市营销的操作势在必行。

一、BEST并不能精准造就网红城市

本文通过对抖音爆红及2018年其他平台走红的30多个网红城市进行分析之后，发现《白皮书》所提的BEST这四个方面，也只是它自己所宣称的PC阶段城市形象传播的产物而已。

（一）City Background Music并不是城市标识神曲

首先是Background Music，事实上在抖音里面是可以自动配置它所提供的背景音乐进行选择，用户很多情况下是不会选择城市背景音乐作为拍摄内容的播放音的，相反多数用户会配置一些更为流行的音乐，如《小跳蛙》《期待着爱》《答案》《123我爱你》《一百万个可能》等歌曲，配上抖音的自动循环播放效果，能够自成神曲效果、自动洗脑。在所看到的广泛传播的重庆、西安、成都、南宁、正定、茂名等城市的抖音视频中，绝大部分是没有城市背景音乐的，视频传播者首选的还是一些大众流行音乐。因此BEST中的，B事实上不是抖音中网红城市重要的组成部分，它是PC时代的产物，在2010年前后，成都、兰州、南京、北京等城市形象宣传片中是重要构成，但在现在的短视频时代，已经没有那么大的号召力了。而代表地域特色或心情状态的背景音乐反而选择较多，如阿拉善英雄会期间，《沙漠骆驼》《远走高飞》等歌曲作为背景音乐的传播更广。

（二）全世界所有城市片都是Eating和Scenery

Eating与Scenery则比较常见，美食与城市景观在任何城市形象宣传片中都是主体构成部分，事实上这两样内容已经充斥了现在的城市宣传片，以至于人们对这两样已经习以为常，如果让这两样内容能够成功地吸引受众才是关键。《白皮书》中并没有详细地指出，什么样的本地食品与城市景观是网红城市的传播要素，使得后面建议的操作性不强。

（三）Technology 并非一般网民的兴奋点

Technology（科技感设施）是前几年来城市形象宣传中的重要内容，但是很有意思的是或许前几年的炫技已经让受众的品位越来越高，即使是在科技设施与科技表演最集中的北、上、广、深都没有成为今年的网红城市，反而是诸如茂名、正定、郴州等科技感不强的城市能成为网红城市，可见 2018 年以来抖音上的网红城市，其实对于科技感设施并没有那么强烈的需求。另一个明显的佐证就是深圳改革开放 40 周年灯光秀花费不菲，夜景效果惊人，抖音上也有不少传放视频，但是深圳并没有凭此网红，就连深圳灯光秀、无人机灯光效果这些视频在网络上大家关注度也很低，并没有形成广泛的传播效应。

因此，可以看到虽然网红城市的传播内容离不开 BEST，但是网红城市却不仅仅是因为 BEST 而形成的，《白皮书》并没有回答，何种城市形象营销才是有效的营销，通过何种传播内容才能打造网红城市的问题。

二、其实答案是 APPA

本文通过对 30 多个网红城市的抖音视频研究、网红城市形成及传播的研究，可以将网红城市的传播内容特质总结为四个方面，即 A——Association（社群取悦）、P——Picture Sense（画面感）、P——Partaking（代入感）、A——Amazing（新奇感），简而言之就是 APPA。反映城市的视频只有符合这四个方面，才能够获得巨大的关注，从而达到利用传播带动城市形象的营销推广的效果，进而营造网红城市。

（一）Association（社群取悦），你取悦社群，社区取悦你

新生代对于新媒体的追捧是媒体迭代的动力，因此是否能够适应新生代的需求成为新媒体能否生存下去的关键因素，而新生代最重要的特征之一就是圈层化社群。圈层化社群让新生代更加在意自己在社群中的被认同感，因此社群取悦成为新生代社群社交的首选之义。

社群取悦分为三个阶段，第一阶段就是社群满足。首先要满足的是社群的喜好、社群的需求，因此社群取悦决定了视频传播者所拍摄的内容取向的个性化特点，许多抖音的视频都带有各自圈层的特点，这样才能在圈层中受到推崇并流传开来。社群满足就会获得社群肯定，一个社群会因为某个热点被认同而不断产生重复，这种重复可能会引发重复跟风、线下“打卡”“重复消费”等

圈层行为。

社群取悦的第二个阶段就是社群圈层外溢，在取悦本圈层人群的基础上，实现视频的效果外溢就成了可能，通过社群的点击转发，实现社群圈层外的人群也可以浏览扩散的目的。圈层外溢的重要基础就是大量重复转发与点击轰炸，根据人与人的联系，会非常自然地向外扩散与推广，然后这一类的视频题材，可能会有 1~2 个爆款从社群圈层中脱颖而出，实现社群圈层外溢。

并不一定是精心制作的视频就会外溢，而是一个系列在圈层推动下外溢，最终会有 1~2 个偶然脱颖而出，脱颖而出引发大范围传播的未必是最初的那个原创。一般而言，容易外溢的视频会信息点更加凝练，而不会过于晦涩，而过于圈层化的晦涩内容则会停留在第一阶段，并不适合外溢。

社群取悦的第三个阶段是超越圈层，最明显的形式就是以视频挑战的形式获得社群加持的情况下，迅速实现扩散。类似于当年的"冰桶挑战""我已经拍了视频要做某事，视频点击超多少，我就如何如何……"成为视频挑战宣言。在《短视频与城市形象研究白皮书》中，TOP100 的城市形象短片中有 44 个是参与了视频挑战而实现超越圈层传播的。这种题材在网络语境下，更能引发受众的围观与转发，进而刺激视频进一步扩散。通过超越社群圈层能够让社群之外的群体迅速接受，并迅速褪去原有的圈层标签，进而成为大众普适性的热点，实现传播加速、传播爆发。

始于社群圈层满足，进而圈层外溢，最终实现超越圈层，这就是社群取悦在抖音城市形象传播中的重要原则。例如，阿拉善越野 e 族英雄会，就是从越野圈层开始酝酿，进而超越圈层，引发广泛关注，形成巨量传播，达到城市营销的效果。

因此在新媒体进行城市形象视频录制的时候，首先需要明确的就是它的传播圈层特质是什么？如果想取悦所有圈层，在新生代这里，反而会觉得忽略了他们的圈层特质，而被他们认为内容过于冠冕堂皇，或者过于官方宣传，或流于形式，这种视频会很容易淹没在众多的视频中，难以产生传播效应。而首先通过圈层认可，继而实现圈层扩散，反而能够在圈层中拥有一定的传播基础，继而利用圈层扩散实现良好的传播。

（二）Picture Sense（画面感），你的画面可以被重复

画面感一直非常重要，它在纸媒时代、视媒时代、网媒时代都是主角，但不同的时代侧重点不一样。以往的画面感更多来自静态画面的画面感，能够让人一眼看到静态的美好。但是这种静态美的画面获得需要一定的专业人员、技术条件及昂贵的拍摄处理器材，因此以往时代的美好画面感的图画不多，获得途径也不易，能够被传播开的也比较少。

但是在手机拍照功能被开发后，拍照已经成了全民活动，随手拍、随时上传分享成为潮流。这种情况下，能够脱颖而出的就是那些即使不需要高深的摄影技术也能够拍出画面感的地方。

当视频时代来临后，能够不费力气就可以利用手机拍出画面感的景区，尤其是具备 5~10 秒持续画面感的景区，开始成为视频时代的宠儿，动态的唯美画面感开始备受推崇。例如，重庆的洪崖洞、黄山的西海大峡谷，尤其是黄山的西海大峡谷就是因为在短短 1 分钟的视频全程风景如画，如同进入山水画之中，从而爆红于网络，受众闻风而至，导致 2018 年“十一”期间黄山西海由于游客过多而不得不暂时关闭景区。

因此，短视频时代的持续性画面感，能够使得区域的视频传播迅速展开，能够让它从同类型的其他视觉景观中迅速被识别，关键是这种持续画面还能够被简单复制，就能够被广泛地接受，再复制传播。

（三）Partake（代入感），你的感受我感受

自媒体时代最大的特征就是由特定点向特定点、面传播转向不特定点向不特定点、面传播，在自媒体时代传播的内容往往带有强烈的自我感受，与以往的媒体相比，彰显自我个性与感受的内容开始受到推崇。在官方媒体以外的途径里，更多人希望能够得到自由宽松的氛围，因此过于正式的视频往往会显得过于冰冷，反而难以在自媒体时代流传开来。在自媒体时代，尤其是在短视频自媒体的时代，这种能够展现自我感受，并迅速能够让人产生代入感、参与感的内容，才会获得认同，并迅速传播。

这里面的核心就是代入感、参与感，其结果就是受众的感同身受，因此这种强烈的代入感会让人产生强烈的希望参与感，会促使人们去再次参与体验与重复拍摄，从而让这一类型的视频在新媒体中迅速占据流量的主导，从而引发更多的跟拍与上传。流量的巨量汇集，在网络上冲破地区壁障，带来传播效应，进而形成升维引流的效果。例如，重庆的奥陶纪景区，其玻璃廊桥高空秋千项目的视频惊险、刺激，强烈的代入感与现场参与感，一经推出就能够迅速的引爆抖音。

（四）Amazing（新奇感），只有新奇让人记忆

第四个重要的内容特征就是Amazing，就是能让人产生新奇感或者惊奇感的视频内容，这其中有的惊奇或新奇感是因为新鲜事物的出现而产生的，如长沙的七夕无人机鹊桥会视频，因为无人机带来的画面新奇感让大家眼前一亮，从而得到迅速的转发。有些惊奇感与新奇感是因为违反一般的认知，从而让人产生惊叹。比如，重庆山城属性，其中有一条是“以为在1楼，其实是在27楼”的抖音视频，让人能够感慨山城属性的。另一个重庆麦芽糖奶奶的视频则是因为老奶奶的纯朴与当时“坏人变老了”的论调形成反差，从而爆红于抖音。

这种能够带来新奇感、惊奇感的视频一方面是从普通人视角来进行拍摄的，能够很快调动一大群人认同，另一方面也能够带来城市的生活化、烟火味，能够让普通人充分感受到不一样的内容，从而让城市形象方方面面得到迅速扩散。

结语

城市形象在新媒体中的传播有其规律性，我们能看到的城市形象内容简单来说不外乎BEST（城市背景音乐、饮食、城市景观、科技感设施），但是这些内容是常规动作，并不确定能够带来城市形象在新媒体中的迅速传播。在新媒体传播语境下，只有城市形象的传播内容符合APPA（社群取悦、画面感、代入感与新奇感）才有可能从众多的信息中脱颖而出，从而爆红于新媒体，进而成为网红城市。

第三章

网红景区和网红城市的打造

第一节　网红景区操作流程

第二章重点讲述了网红景区及网红城市是什么，它们的特征是怎样的？作为重要的引流手段应当被正视，运营者与城市形象宣传者应当加以善用。本书第三章的主要内容是如何打造网红景区和网红城市？本节首先从网红景区的操作流程入手，来分析网红景区如何打造。

尽管有许多不经意而红的网红景区（被动型网红景区），但是进入 2018 年 5 月后出现了更多的由于有意识地传播与炒作而红的景区（主动型网红景区）。证明了网红景区是可以人为打造的。本文通过总结多个网红景区打造的过程，详细分解了网红景区的操作流程。

网红景区如何打造，不能仅仅盯着“网红”二字，其功夫更在网红外，它的打造是一个系统的过程。具体而言，从操盘的角度来说，可以从网红景区打造的前、中、后三个阶段进行分别论述，即成为网红景区前的内容生产与文案引爆、网红中的时刻监测与积极应对、实现网红后的后续跟进与管理提升三个方面来探讨这一问题。

一、成为网红景区前的内容生产与文案引爆

要成为网红景区，前期的准备工作一点也不能少。被动型的网红景区有相应的景区内容生产在网络自然发酵（“自来水”），主动型的网红景区却需要在前期做充分的内容生产，以方便整个营销过程的储备。那么在打造网红景区前，需要注意什么？从操盘来看，有两点需要特别关注：一是内容生产；二是文案引爆。

（一）景区内容生产的关键

景区内容生产的关键是独特性！是系列化！

1. 独特性

独特性就要求景区首先必须明确自己的定位，景区是属于国际级的、国家

级的、省级的还是市级的，其景区内容生产需要在相应定位的市场中找到自己的独有属性，与区域内其他竞争对手的不同在哪里，同时这个不同还需要能够引起所在市场的共鸣。例如，古北水镇最初的定位就是京津冀市场，如果展现景区的独特性？它找到的就是在一个缺水的地区营造江南式水镇，让北方历史的厚重与南方水镇的温婉结合，这就是当年京津冀地区最独特的东西。在水镇的概念被北方地区广泛抄袭后，古北水镇新近的重新定位，则是“长城下的星空小镇”，将“厚重历史”与“明媚星空”相结合，长城资源稀缺、星空小镇又强调了独有的优质环境，这对于已经普遍现代的首都和饱受雾霾困扰的北京来说，都是非常独特的定位。

湘西苗王城的内容生产也是如此，利用“苗王城”坐实了景区在整个湘西苗家景区中的地位，然后利用“苗王”垄断了景区在地方的地位，使得苗王城景区成为整个湘西最独特的存在。

独特性的目的就是在别人心中定义自己，从而提高辨识度，让别人能够记住你！景区的内容生产的要求就是如果能让别人在一长串的景区中清晰地记得你，那就是成功！

2. 系列化

独特性解决的是内容生产的总方向的问题，系列化则是解决的内容生产的体系问题。

在一个信息破碎化的时代中，要引起人们的关注需要有独特性的定位，但是让能够引导人们持续关注直至能够下定决心消费，则需要系列化的内容生产。目前的网络中，充满了各种浅尝辄止的信息，当人们需要获得更加详细的内容去做出决定时，却又缺乏可深入探寻的信息。因此，系列化的内容生产就是要给人们填补这种空白，让人们不仅能够快速地得到这种信息，而且能够让他们借因这种信息产生信任感，最后实现由信息阅读到心动欲往继而线下转化的过程。景区的系统化内容生产，能够让景区把握主动权，让景区将介绍及景区期待游客游玩的节奏把握在自己手里，在信息端垄断这一部分的知识，从而在网络端带来持续的关注与流量。

内容生产是景区走红前期重要准备，决定了后期景区是一个浅薄的景区还是一个有底蕴的景区。内容生产的工作不是一蹴而就的，不仅仅是景区走红前要做，景区走红后仍然需要继续，因为景区的发展就是一个不断将自己的内容体系传递给受众，然受众持续受到吸引，并源源不断地消费内容的过程，内容生产也为日后景区转型升级做了重要积累。

内容生产形式多样，包括图片、文字、视频、语音、活动等诸多形式，这些内容要与独特性相配合，分成若干明晰的系列，每一个系列都能够充分展示自己的特点。系列的划分不必过多，但是一定要结合定位，一定要切中市场，一定要能够在每个系列中都能够收获相应的客群，取悦相应的群体。

例如，在古北水镇的内容生产中，明显地分成了几个系列：第一个系列是长城概念，这部分的内容是它不断地强化自己与司马台长城的关系，不断地深挖景区与司马台长城的历史脉络。第二个系列是古镇系列，通过明代、清代、民国等不同时期的古镇风貌的展示，通过向内部注入明清及民国时期的风情风俗与场景表演，通过老字号的商业衬托，无时无刻不在昭显着自己的古镇内容。第三个系列是水镇概念，通过水体景观营造，水上活动展示，水与镇区的关系营造，与水有关的内容型生产，不断地强化这个独特性。

景区内容生产伴随不同的传播渠道在网络上累积成为重要的知识沉淀，一方面它本身就能够引流，不同形式的内容生产还能够相互印证，加强引流效应，同时也为后期文案引爆打下了坚实的基础。

（二）文案的引爆是点睛之笔

文案的引爆，是内容生产基础上的神来一笔。如果只有内容生产，没有文案引爆，就是无效生产，虽然工作繁多，但是却没有获得关注，等于无效工作。而且随着时间的推移，如果内容没有受到关注，知识就会逐渐地陈旧，难以起到吸睛作用。而仅有文案引爆，没有内容生产体系，很容易昙花一现，有如无源之水、无根之萍，很容易消散。

文案引爆的关键是什么？简单、明了、震撼、抓眼、直击心智、重复！一句话、一个动作、一个视频、一个画面或一场争议、一个冲突或矛盾，它一定非常浅显、非常易传播，一定有反差、有冲突、有意外的结局。

通过大量的重复，反复地传递类似的信息，让网络上的所有渠道都能够直指景区，这就是文案引爆。文案引爆要通过强有力的重复效果，加强接收者的印象，让区域定位与景区直接产生关联，并固定这一印象，如贵州铜仁大峡谷，取名就绑定了铜仁，然后不断在湘西地区固化铜仁大峡谷的关联性，让到湘西就去铜仁大峡谷成为共识，从而引爆景区。

另一个简单的例子就是玻璃廊桥首先出现在张家界时，前期张家界做了玻璃廊桥的知识普及、做了玻璃廊桥出现后的云端景观宣传、做了玻璃廊桥的安全性测试，但是这些都是内容生产，它本身的内容生产并没有直接引流。但真正的文案引爆就在这个基础上，内容生产不断铺垫引发了人们的关注，但仍旧不能破除围绕玻璃廊桥的质疑——玻璃那么易碎，玻璃廊桥安全吗？文案引爆就在一瞬间，两个极具冲击力的动态画面出现：一个是工作人员抡起大锤砸不烂廊桥上的玻璃；另一个是汽车在玻璃廊桥上前行安然无恙。猛烈的质疑被击破的同时，就是景区被引爆的时候，其后的内容体系持续发力，让这一景区持续成为网红景区，至今玻璃廊桥已超过百余座，张家界玻璃廊桥仍然占据热搜的重要位置。

文案的引爆还要借助强势的媒体，在纸媒强势的时候，要善用纸媒；在电视强势时，要拥抱电视；在网络时代，要善用网络；而在短视频时代，积极正视抖音、快手等新兴媒体，为景区进行强势引爆。在文案引爆方面，网红景区追求的就是短期的爆发性，所以一定要选择最强势、最具争议、最具传播性的媒体，要一炮而红。也要有诸多的其他媒体综合跟进，让这种引爆效应在短时间内效应最大化。

一炮而红，是文案引爆对内容生产的提升，是一种手段，是前期无数积累的释放，而且也必须释放，否则内容生产就白做了！

二、网红中的时刻监测与积极应对

成为网红景区的过程，有主动操盘的，有些是偶然发生的，但是作为一个敏锐的景区运营者，在成为网红景区的过程中，需要做的是时刻监测与积极应对。

（一）时刻监测是网红景区运营者的必备素质

要对成为网红的景区有所准备，就必须对网红景区的传播模式有足够的了解和检测。因此必须对所使用的文案引爆渠道有充分的关注了解，并能够通过一定的手段时刻监测景区的传播程度。

在信息技术还不发达的时期，如纸媒时期、电视主导时期，这些监测可以主要通过旅行社数据进行推导，通过散客与团体客人的比例进行估算。那时候运营者还可以通过时刻关注身边的舆情，如果身边对景区的关注度高低也能大致推算出相应的景区未来红火程度，并能够适当提高散客与团体客人的比例。

而在信息技术如此发达的今天，又是自媒体充分发展的时代，有许多手段都可以直接进行监测。

第一个就是自媒体的阅读与转发量的判断。自媒体包括微信、微博、抖音、快手、知乎、头条号、百度号……本节以微信公众号为例进行说明。微信公众号营销至今仍是景区营销的主导媒体，微信推文的阅读量能够在微信公众号中直接体现，每日的阅读增长量，单篇与全部图文的阅读统计也都有即时的更新，通过微信公众号的推文阅读情况，能够精准地把握外界对景区的关注程度。而微信文章阅读量与转发量、微信文章阅读量与景区游客转化量每个景区都有相应的比例数值，根据前期的内容生产的经验数值，在对经验数值进行修正的基础上，可以对景区推广传播进行相应的推算。微信公众号平台还提供阅读增长速度图，也可以推算网红景区是持续受到关注，还是已然回落。

第二个是百度指数、微信指数等搜索指数的推算。百度指数能够直接显示搜索趋势、需求图谱、资讯关注与人群画像，能够精准地反映每一天的搜索热度，同时能够清晰地看到相关的人群与区域变化，将百度指数与假期游客量进行相应的测算，则能够得到关注度与游客转化的比例。在景区迅速蹿红的过程中，能够对未来的景区游客数进行一定的估算。

微信指数也是同样的道理，但微信指数更适用于以微信作为主导传播的景区，且具有一定的滞后性，其具体的比例需要经验性的测算。

第三个是旅游预订端的推算。如果涉及门票及住宿、餐饮预订的景区，则可以通过旅游预订段的测算来监测预估。旅游预订端的门票包括传统渠道与在线渠道，通过事先的预售及过往的经历，也可以对网红景区的热度进行充分的估量。

（二）积极应对网红中的景区运营

一切的估量与预测，都是为了积极地应对网红过程中的景区运营，使它在网红过程中不会失控，能够有序地发挥相应功能，并能够高效地进行流量二次消费转化。而要积极应对网红中的景区运营，就需要注意以下五个方面。

1. 合理预估、积极备战

实现通过各类指数及已有的预订情况对游客情况进行预估，然后积极备战。对景区的停车、餐饮、拥堵线路、热门项目等进行积极的备战，物资准备、人员准备及其他准备时刻待命，并在实现进行一定的演练。

2. 做好预案、应对机制

做好相关的应急预案，如可能的纠纷调整、停水停电、景区拥堵、物资缺乏等各类的突发状况的紧急方案，如果没有相关方案的，建立相应的应急处理机制，实现突发事件也有相应的人员负责，也有相应的处置流程。

3. 智能管控、有效应对

结合好智能工具，通过智慧旅游系统，例如闸门、流量监测、视频、对讲系统、手机等多种设备配合，对游客量进行实时管控。及时地进行项目分流、疏解，有效应对人群汹涌而至的情形。

4. 应急处置、化解危机

分清楚事情的轻重缓急，对于紧急的事情紧急处理，及时地化解危机。按照应急处理流程，做到任务分解，每件事都有责任人、责权一致，及时应对、及时解决，并尽量将危机化解在较低层面。

5. 继续发声、正向引导

景区在网红期间，要保持持续对外进行发声，积极传导景区的正面形象，让热气高涨的同时，带来景区形象的进一步提升。

三、实现网红后的后续跟进与管理提升

网红景区的传播具有明显的阶段性，一个阶段过了，它必定会有一定的回落，如大家可以从洪崖洞的百度搜索指数看出来，春节长假、清明小长假、“五一”小长假、端午小长假是它的四个明显的高峰时期，其他时间则在显著的回落。那么一个阶段的网红结束后，是否就意味着高枕无忧？不是的，后续的跟进及管理提升是非常重要的。

（一）后续跟进措施

网红景区不是一锤子买卖，做完一把就结束，而是要将它当作一个常态化的过程，利用网红带来的关注与热度，持续不断地进行推进。因此一个阶段的网红结束后，下一个阶段的跟进措施方面必须跟上，从实践来看，宣传的总结不能少，正面的引导也不能少。

1. “宜将剩勇追穷寇”

成功过后不要低调，要宣誓胜利，要有意识地公开数据，要进一步加强人们的印象，“宜将剩勇追穷寇”进一步甩开竞争对手，让过节、节假日就去某

网红景区的印象深入人心。这有利于进一步加强人们的识别性，建立潜在的认识，这个片区就这个景区是最红的、最火的、最好的，下次还要去……

2. 正本清源、树立正面形象

要正本清源，将网红过程中可能负面印象在后续宣传中进行正面引导覆盖。景区需要保持正面的形象，维护景区的良好面，才会有美誉度。同时从实际操盘来看，通过后期海量的内容生产，将网络的负面舆论进行清洗也是很重要的，因为网络传播总是有时效性的，通过更新的内容生产，往往就能够弱化这些负面的评价。一个景区的美誉度对于景区的持续发展作用不言而喻，对于网红景区来说也是如此，因此在阶段性网红之后，从忙乱的工作中抽出时间来进行景区形象维护至关重要。

3. 继续的内容生产与形象强化

阶段性网红成功后，继续的内容生产仍旧不能放松。继续的内容生产，将进一步巩固人们对于网红景区的认识，强化优质景区形象。持续的内容生产也能够逐步将前期的内容推陈出新，为未来的提升与迭代做好准备，为新一轮网红的到来铺好道路。

（二）管理提升

初次应对网红景区潮流，往往应对不足，在一波网红潮流过后，应当积极做好的是反思与管理提升。在应对网红景区后续管理的所有措施中，简单粗暴的提价限流是懒惰的表现，最终将导致景区的红火不再。只有加强管理、提升业务素养，建立新的流畅的管理机制才是真正需要的，在反思中提升管理水平，进一步提升队伍，才能再次制造网红，再次迎接网红潮流。

结语

本节从实操的角度探讨了网红景区的操作流程，不论是主动型网红景区还是被动型网红景区，在景区成为“网红”的前、中、后三个阶段，景区运营都必须有所为，从网红前的内容生产与文案引爆、到网红中的时刻监测与积极应对，直至网红后的后续措施与管理提升，这是一个完整的网红景区操作流程的展现。只有有效地把握了网红景区发展各个阶段应有的操作，才能在相应的景区运营中做到运筹帷幄、决胜千里。

第二节 媒体的传播

网红景区是传播出来的，因此景区运营对于传播的基础知识需要有一定的了解。传媒学里按照传播媒介的不同把媒体的发展分为四个不同的阶段：①以纸为媒介的传统报纸；②以电波为媒介的广播；③基于电视图像传播的电视；④基于互联网传输的网络。姑且可以将它们简称为纸媒时代、声媒时代、视媒时代和网媒时代。其中网媒时代，又可以分为以 PC 端为主的网媒时代和以移动端为主导的网媒时代。

要懂得网红景区的传播原理，就必须对媒体的传播性质与规律有足够的了解，知道不同的传媒渠道传播特性，然后才能谈媒体的节奏控制。媒体传播的属性不同，会带来不同的传播效果，因此对传播媒介的认识，有助于我们加深对后期媒体使用的认识。这里的媒体传播，本节将探讨从纸媒到网媒的传播与景区传播的关系。

一、纸媒传播：权威与深度

纸媒包括报纸、杂志、期刊、书籍、书画，这里面报纸的时效性最强，书籍的时效性最弱。就影响力而言，经典的书籍、书画能够产生持续的影响力，期刊也能起到里程碑式的作用，杂志与报纸的影响力稍弱，但也不容小觑。总体而言，纸媒代表了权威与深度。

既然是权威与深度，人们对它的了解与理解，就不会那么迅速，因此纸媒的传播时间跨度非常大。以时效性较差的书籍来说，某些书籍的传播推广直至影响发酵，其时间跨度甚至能达到几千年，影响效果也能达到几千年。例如，《诗经》中的景观描写，至今仍能打动读者的心，以《诗经》为衍生的景区至今也能俘获游人的心。这种运用在近代旅游中也有诸多的例子，如沈从文的《边城》持续不断地为凤凰带来游客；詹姆斯·希尔顿《消失的地平线》在相隔半个多世纪后带火了香格里拉的旅游；吴冠中创造的油画《周庄》带火了江南小镇周庄……其他的例子更是举不胜举。这些是书籍书画带来的效果，真正的经典，是不会磨灭的。但相对而言，它的收效很慢，相对于景区的营销推广而言，没有立竿见影的效果。但一旦成功，往往能够跨越年度，实现持续引流。

而杂志、期刊的效果就会快很多，尤其是比较权威的杂志，能够迅速地孕育出优质的内容，成为人们文献引用或者资料参考的首要选择，如《国家地理》杂志等，曾经一度成为中国旅游者的出游指南，《国家地理》杂志的旅游推介，也成为地方旅游推广的重要方式。另外的一些时尚杂志中，优秀的景点景区内容，也很容易影响人们的旅游选择。从实际效果来看，纸媒时代的杂志、期刊的效果以月为单位，加上传播的速度较慢，会有3个月至半年的迟滞。

因此如果要做优质内容的积累，书籍、书画、杂志、期刊都是不错的选择，它们作为内容的承载者，能够尽最大限度地夯实景点景区的内容基础，系统化、条理化、权威化就是它们最大的优势，能够促使景区形成强有力的内容体系。

在纸媒中，传播最快的就是报纸，虽然现在报纸已经日薄西山，但报纸确实曾经是媒体之王，它的影响力现在扩展到了网络上，网络读报仍然是现在部分人的习惯。报纸具有权威性，中国许多的报纸有着官办的背景，报纸的报道在以前本身就体现了权威的态度，及至后来放开报纸的约束，但报纸仍然有着审批的约束，许多报纸的承办机构官方与半官方的背景，能够传递出权威的信息，同时由于报纸内容受到有关部门监管，因此见诸报纸的信息会天然受到人们默认具有一定的权威，人们也会对它们产生天然的信任。即使现在的报纸出现娱乐八卦、体育杂文、广告营销等不同的版面或主题，人们对于见诸纸质的文字，始终怀有一份尊重，这也是报纸在传媒中的优势。

报纸在发展的传播中，也具备纸媒的深度性特点。因为报纸能够承载较多的信息，因此除了新闻内容，报纸一度曾出现深度调查。这些深度调查，观点犀利，很多已经不输于论文、书籍的深度，从而引领思潮。因此，报纸一直是进步思潮的阵地，社会变革的号角往往从此地吹响。承接了权威性与深度性的特点，报纸是以往的媒体之王，及至今日，报纸的影响力依然存在，在报纸上做传播，往往能够给人以信服和信赖，而且越是权威性强、越是深度强的报纸，其带给人的信任感越强。

而报纸带来的引爆社会热点，伴随着“水门事件”，“门”成为纸质媒体时代强热点的代表词汇，纸质媒体时代，最火热的景点景区、最火热的旅游线路，被纷纷冠之以“热门”，如“热门景点”“热门线路”等。

与纸媒的权威性和深度性相对应的就是纸媒相对的耗费时间，在网络时代，报纸、杂志逐步被网络所取代，形式也由纸质转为电子，深度性也开始在下降。但由纸媒转型而成的报纸网络媒体，仍然继承了一部分它的权威性。

二、声媒传播：感染力强与特定空间适用

声媒是伴随着广播的发明而出现的，广播自1906年诞生，1908年被架设于埃菲尔铁塔用于传递军事消息。1920年，世界上第一座领有执照的电台——匹兹堡KDKA电台在美国诞生，从此广播作为声媒的载体，拉开了声媒传播的序幕。声媒除了广播，还有就是只能用声媒进行传播的诸如唱片、录音一类的，这一类的传播更加强调的是感染力，用声音去感染人。但是运用最广的还是广播的传播。

广播传播在前期发展中最大限度地展现了声媒的特点，那就是迅捷与感染力强。广播在第一时间内要播报资讯，因此广播要体现的是快捷传递信息的特点。遗憾的是这一特点正在被其他媒体所取代，网媒成为如今第一迅捷的媒体，那么以广播为主的声媒的未来剩下的空间在哪里？那就是感染力与特定空间。

从传播角度来看声媒的传播，它适用于需要信息传递，但又“不适合”利用视媒及纸媒传播的场合，这里所说的“不适合”分为两种情况。一种是除声媒外，其他媒体传播成本过高的情况下，声媒就较为发达，如偏远的乡村地区，由于交通运输成本或接收太贵，声媒成为主要传播媒介。第二种不适合是某些场合下不适合用其他媒介传导信息，只能使用声媒，如目前开车行驶状态中。

声媒最大的缺点就在于停留时间短，很难带来深度思考，声音引导会随之而动，声音结束，很多就不留存了。放在旅游的传播中，声媒的优势并不明显，如果要让声媒能够进行效果良好的旅游传播，就必须营造非常具有感染力的氛围，而这些通过单纯的声音确实很难达到这一效果，可能比较好应用的是

营造氛围加即时访谈，使人身临其境，更加让人信服。

通过声音的感染力，让传播更有魅力，这也是声媒传播未来的方向。人的声音、自然界的声音、各种其他的声音，通过不同的组合加以利用，人的声音加上内容的冲击，让人产生身临其境感，然后增加相应感染力，这就是声音的感染力的魅力。

三、视媒传播：多感官“真实”冲击

视媒能够综合运用声音、影像等多种感官媒介进行呈现，在纸媒盛行的年代，视媒中的广播电视开始崛起，美国作家曾在《娱乐至死》一书中，描述了美国在这个时代受到视媒影响下的一切娱乐化的倾向，与今天的中国有着惊人的类似。视媒包括电视、电影、录像、车载电视、户外影响、电梯影像等多种形式，但前期主要是以电视为主。

视媒有其局限性，它的收视环境受到环境影响很大，因为视媒的载体——电视、电影放映设备等不可能随身携带，同时接收设备价格也不算便宜，因此在发展初期视媒的传播有着极大的局限。这从 1925 年电视机被发明，但到 20 世纪 60 年代后，电视才大行其道可以看出来。但这个历程在中国更短，2008 年前是纸媒的时代，其后又迅速进入了网媒时代，因此视媒在中国的统治地位并不长，影响并没有像欧美那么巨大。

视媒具备多感官的冲击效果，能够调动视觉、听觉的综合运用，在表达形式上比纸媒、声媒更加多样，而且也能够在深度上呈现较好的效果。在电视技术、影像制作日益进步的今天，视媒传播极具感染力，如果将纸媒、声媒、视媒放在一起，视媒总是能在第一时间内吸引到所有的注意力。

在旅游的传播中，视媒的作用非常巨大，它能够最大限度地还原旅游地的真实面貌，甚至经过一定的艺术处理后，还能够优化当地的风貌，能够呈现给人们以视觉、听觉“真实”。纸媒与声媒，毕竟还是感官过于单一，唯有视媒是能够完整地进行“真实”还原的，能够让人们看到相对“真实”的、连贯的场景，从而给人以极大的冲击。

同时，从电视到电影基本都要受到比较严密的审查，使得视媒的信息和报道都具备了权威性。这些叠加在一起也使得视媒一度成为旅游传播的主流媒介，至今仍然兴盛不止。如果由权威电视台的权威平台进行的发布、推广、介绍，将更加让人信服。

四、网媒传播：颠覆、再颠覆

网媒传播才是时下传播的主导力量。1969年阿帕网诞生，意味着网络的诞生，其后1978年，UUCP（UNIX和UNIX拷贝协议）在贝尔实验室被提出来。1979年，在互联网时代UUCP的基础上新闻组网络系统发展起来。1991年，第一个连接互联网的友好接口在Minnesota大学被开发出来。1994年4月20日中国互联网诞生。2007年6月，乔布斯发布第一款iPhone，它颠覆了移动市场，自此之后，移动互联网的时代开始来临。

互联网的诞生与发展非常迅猛，它比以往任何的媒体都更为迅捷，并拥有声音、图像、文字、动画等多种表达方式，集图、文、声、像于一体，尤其是能够在全世界范围内自由流动传播，而且能够保存长久、可以随时调阅、开放性强、共享性强，这些特点使得网络媒体传播随着带宽不断升级得以迅猛发展，并颠覆了其他媒体，其自身的颠覆也在不断进行，从而使其保持了极大的活力。

网络首先颠覆了纸媒，中国纸媒的影响力在2008年前后达到了巅峰，其后便开始一路下滑，首先是纸媒的新闻功能被颠覆，由于纸媒作为承载，需要采编、排版、印刷、人力送达等一系列的流程，成本高昂，因此这一块首先被网络所取代。其次是网络消息更加迅速，更具即时性，因此在资讯的快捷性上迅速地盖过了纸媒。最后是由于网络保存的长久性、不占用空间等特性，很大程度上对杂志、期刊、书籍也起到了替代作用，使得这些传统的媒介开始出现网络化趋势。这些媒体纷纷自救，与网络融合成为突破口，网络新闻、网络杂志、网络期刊、网络书籍成为现在主要的形式。

网络也在逐步地替代声媒。早在视媒出现后就开始逐步替代声媒，受到传播途径的约束，声媒很难成为主流媒介，而网媒的兴起则进一步取代声媒。传统的声媒内容有限，且播出时段受到限制，但进入网媒时代后，所有的声音文件都可以数字化网络存储，同时这些文件又可以在网络上进行传播，网络发展让声音摆脱了原有的束缚，因此网络也在颠覆声媒。

网络开始颠覆视媒是最近几年的事情，首先就是视频网站的开放共享，使得视媒的播放更具灵活性，受到了更多人的欢迎。其次就是颠覆了视媒的制作流程，以往因为输出只有少数路径，因此制作被约束在很小的范围内，网媒兴起后，随拍随传成为可能，因此网络视频的制作传播成为可能，在很大程度上开始颠覆视媒的路径，视媒不得不转型，成为“视媒＋网媒”，才能够获得生存。

网络不仅颠覆传统的纸媒、声媒、视媒，同时网媒还在颠覆自身、迭代发展。最初的网媒是 PC 端的，它们随着网易搜狐等门户网站而兴起，到 2008 年奥运会前后，中国的 PC 端网媒达到巅峰。后来技术的发展促使移动端网媒开始加速发展，智能手机取代 PC 电脑，成了网媒的主要接收器，自此以后移动端网媒开始走上舞台。

移动端网媒在中国出现在 2013 年，智能手机这时候在中国大发展，加上此时中国开始倡导虚拟经济，由实转虚，移动网络的越发便捷，微信等移动端 App 开始大行其道，同时 2013 年后移动端的搜索开始迎头赶上，与 PC 端的搜索分庭抗礼后大举甩开 PC 端，高歌猛进。到现在，低端智能手机在 500 元左右都可以实现，中国最普通的人群也是人手一台智能机，移动端网媒已经成为主流的传播方式，因为它具备 PC 端网媒的一切优点，同时还便于携带，能够随时查看、随时浏览，还能够及时互动沟通，比以往任何一种传媒都更加便捷、更便宜、更方便、更自由，因此更普及。在网络时代，通过网络进行传播而红火的事件或个人，被称为“网红”，与传统媒介的“热门”不同，“网红”已经成为网络媒介的代名词，“网红”主播、“网红”视频、“网红”食品……在旅游领域，就是“网红景区”“网红城市”“网红民宿”等。

旅游在网媒上的传播也历经更迭。20 世纪 90 年代末，旅游就开始进入网络媒体中，最开始的门户网站就有旅游板块，而张家界、凤凰等旅游目的地在 1998 年左右就开始建立旅游网站，在网络上推介自己。到现在旅游的主体推广方式已经朝移动端网络大大推进，成为这一领域内容传播的主体之一。

但网媒的传播也有两个极大的缺点，第一是信息庞大、却不系统化。因此，破碎化知识成为主流，传播出来的都是碎片化的信息，能占据眼球，却难以形成体系，因此会快速被人遗忘，这也是网媒传播的重要特点。这种传播能够推动冲动型的消费，却难以带来深度性的思考，这成为眼下网媒的痛点，导致用户的黏性不足。第二是权威性不足。与以往的媒介相比，网络传播更加宽泛、更加自由，也就真假难辨、虚实难测，因此在真实性上，网媒还是有比较大的弱势。但一些网媒也在做坚实的品牌，努力改变这一局面。

结语

不同的媒体性质对于旅游传播的作用不同，网红景区虽然是承自网络传播，但是作为一脉相承的产物，必须对于其他的传播方式有一定的了解，才能有的放矢，从容操作。只有综合利用纸媒、声媒、视媒、网媒的不同传播效应，才能够起到聚焦传播的效果。

第三节　新锐网媒平台分析：微博与微信

前文分析了四类主要的媒体的传播特点及在旅游中的运用，这一节将重点分析网媒，尤其是 PC 端网媒的使用，对于新生代经常使用的网媒平台进行相应的分析。主要涉及微信、微博、知乎、马蜂窝、携程攻略、今日头条、美团 / 大众点评、快手、抖音、小红书、悟空问答、Facebook、Instagram、Twitter 等移动端网络平台，对它们在旅游传播、推广中的作用进行分析。

在网红景区或网红城市的传播过程中，需要对各类媒体及其属性有充分的了解，才能很好地驾驭这些媒体进行传播，探索出网红景区与网红城市打造的路径。本节将以微博、微信（公众号）为例进行相应的分析。

一、微博，曾经的王者，再次崛起

付晓萌、郭佳佳曾经在《新浪微博八年兴衰史》中对于微博有过详细的描述，Twitter 的成功让国内创业者看到希望，饭否网拔得头筹，率先在国内开展微博业务。但其后由于网络监管从严，饭否网却偏偏遭遇整改，王兴转战美团。当时全世界范围内微博的风口却已形成，Twitter 强势发展，国内饭否留下的微博发展空白被新浪填补，2009 年 8 月新浪微博内测，9 月上线，一经推出便占据了微博的头号宝座。由于推出大 V 制度、@ 博主功能、邀请名人明星入驻，短时间内新浪微博就成了年轻用户的聚集地，其用户数在2011年达到1亿，一度超越QQ在用户心目中的地位。2014年3月27日晚间，新浪微博正式宣布改名为“微博”，坐实了在行业的地位，美国当地时间2014年4月17日上午，更名后的微博正式登陆美国纳斯达克股票交易所。

2014年是微博的巅峰之年，当时新浪微博是名副其实的曾经的社交王者。因为微博具有几个突出的特点：一是大V云集，这批大V本身自带粉丝，让新浪微博瞬间形成大流量。二是新浪微博的监管比较规范，同时也给予了内容生产者较为宽松的创作与发表的环境，让大量的内容在此生产，形成了很好的流量入口。三是在当时而言，“密友”、悄悄关注、@博主等新功能能够很大程度上增加社交的交互性，使得内容生产与互动成为可能。

但其实从2013年开始，微博就感受到了挑战，王者地位并不稳固。一方面是天涯、人人网等新锐社交媒体的趁势而起；另一方面是微信的强势来袭，一大批优质的大V开始转战新锐社区或者开始进行公众号写作，加上微博的功能创新滞后，2015年后，微博开始式微。

进入2017年下半年后，可以明显地感受到微博开始再次崛起了，尤其是进入2018年，这一趋势非常明显。一个重要的特征就是大学生这一新生代精英群体的集体转向，他们的社交媒体由微信再次转向微博。本次微博崛起的原因是什么？仔细分析，主要来自于以下几个方面。

一是新锐社交媒体的衰落，天涯、人人网等当初的新锐社交媒体受到微信及微信公众号的冲击纷纷凸显颓势，导致部分出走微博的大V开始回归微博，在内容上得以充实。

二是微博的头部大V战略始终没有动摇，以娱乐、体育为主导的头部大V，一直是微博的主要阵地，这一块微博从未放弃，像原本的流量大王姚晨、谢娜、范冰冰……新的流量大王吴亦凡、杨阳、黄征……这些人都是微博一直争取的对象，他们的存在让微博一直是娱乐、体育等热点流量的中心。另外，还是有一批在微博坚守的大V，如一批文化型的博主，如马未都、徐静波等都在长期坚守，让微博的平台积累了一大批的内容。

三是微信公众号在2018年的发展停滞，让内容型的生产大量回归微博。2017年微信公众号的发展一度强势无匹，但是盛极必衰，在举目无对手的情况下，微信公众号并没有新的探索产生，导致发展乏力，又错过短视频的发展机会，导致下滑厉害。

四是短视频时代，带动的基础分享。自从 2017 年以来，快手、抖音等短视频交流软件开始流行起来，但是快手、抖音等视频软件本身是一种展示型的软件，点赞和阅读功能强于交流，那么要将这种流量固化，就必须要有交流的社区型软件支撑，微博能够很好地兼容视频，且能够非常好地营造社区交流氛围，就成了最好的选择。在国外视频软件与 Twitter、Facebook 的互动也在同样发生；这一趋势在美妆、时尚等领域特别受到推崇，这部分用户的回流也最明显。根据海马云大数据、秒针系统发布的《2018 抖音数据研究报告》显示，抖音与微博的互动非常强。短视频的兴起与传播，让人们再次意识到社区型交流的重要性，让微博再次走入人们的视野。

五是有诚信的坚守再次流行起来。与以往不同，经历过了知乎大 V 收割、简书大 V 收割、人人网大 V 收割、微信公众号收割等一系列的短视性的内容变现行为后，有坚守的深度内容生产赢得社会信任，而微博上坚守了数年的内容生产者开始受益。

六是社区互动成为潮流。在摄影、美妆、美食、旅游、舞蹈等领域与博主的直接互动，与成员之间的项目互动，营造出一个以博主为中心的粉丝社群，这个群有意见领袖引导，有粉丝互动，这种互动能带给粉丝更大的满足感，从而让微博迅速回归。

这六方面的原因，让曾经一度被微信碾压的微博再次崛起，尤其是在大学生群体中，微博的使用比公众号还要频繁，微博已经成为新生代精英群体的重要社交手段。

二、微信，错过一个潮流，正在加速跌落

有人欢喜有人悲，与微博的再次崛起相比，2018 年是微信（公众号）的一个失落之年。腾讯团队完美地错过了短视频的潮流，其结果就是微信和微信公众号的加速跌落。

根据行者慎思《微信发展简史：2011—2018》，2011 年腾讯团队推出微信软件，初始 1.0 版本只能发文字、图片消息，2.0 版本能发送语音消息，逐渐开始取代飞信成为即时通信软件，前期微信的主要目的就是扩大使用用户。至微信 4.0 版本，终于取得重大突破，微信推出朋友圈与公众号（见图 3-1）。

朋友圈成为每个人展示自己的平台，一经推出，便大量吸粉。

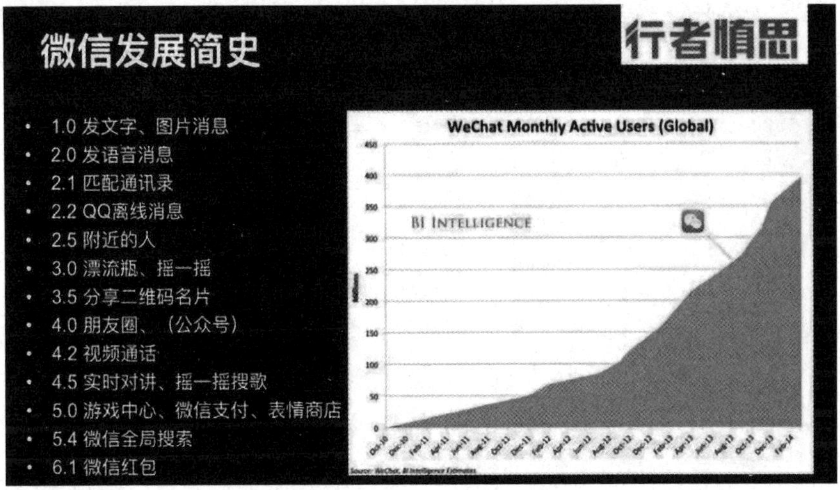

图 3–1　微信的发展历程

（来源：《微信发展简史：2011—2018》）

而公众号的推出，则让微信开始成为内容生产者，微信公众平台的口号："再小的个体，也有自己的品牌"感召了无数自媒体人。微信公众号与微信自成生态系统，公众号的内容借由微信朋友圈、微信群疯狂传播，朋友圈的传播、微信群的传播又为公众号吸粉圈定固定读者提供了渠道，二者互成体系，加上腾讯的游戏入口、微信支付入口，构建了生态系统流量的内部循环。微信公众号新媒体崛起，许多微博大 V、知乎大 V、马蜂窝大 V……都不得不开设微信公众号引流，从而实现受众的聚合。

2017 年是微信的巅峰之年，《2017 微信用户 & 生态研究报告》显示，2017 年 4 月，微信的日活人数达到 8.89 亿，作为一个中文为主的社交软件，它已经几乎做到极致。但是接下来的视频热潮，微信及公众号却完美错过，微信没有为视频传播提供好的平台，微信公众号中插入视频也非常困难，然而风口却突如其来。但是自 2017 年达到巅峰后，微信及公众开始迅速衰落。2018 年 3 月数据显示，微信的日活用户已经下降至 6.89 亿，其颓势已经显现，同时人群老化现象也开始出现，"小镇中年"成为使用微信的主流人群（见图 3–2）。

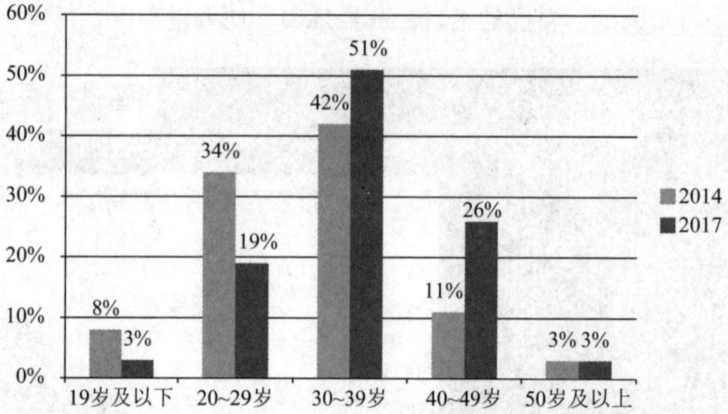

图 3-2　2014 年和 2017 年度微信百度搜索指数年龄分布

（来源：《2018 年中国微信行业发展现状及未来行业发展趋势分析》）

2018 年下半年以来，微信及微信公众号的坍塌更加明显，用户的迅速下降，原本的场景设计开始变化，人们不再愿意分享自己的朋友圈，在网络热文《最近看不到你的朋友圈》描述了人们越来越不愿意在朋友圈中分享自己的生活，微信的新功能朋友圈“三天可见”进一步摧毁了自己构建的生态体系。“三天可见”可能导致了微信公众号的衰落，因为公众号观点没有被传递就消失了，这使得微信公众号的阅读量大大减少，阅读量的减少使得内容型生产者开始逃离，而微信失去内容型生产就失去了一大块领地，进一步加速了微信的衰落。

对于新生代的客群来说，微信只是当年的 QQ 替代，因为社交占比在网络的使用中比例下降，反而是娱乐需求的比例在增加，恰恰这一块是微信较为缺乏的。从这个意义上来说，微信已老，这种形象开始蔓延。

新生代迅速抛弃公众号的原因，还在于公众号的“冷漠”，公众号很难像微博那样面向所有粉丝的即时互动，受限于每天的推文及对用户的管理，很难让粉丝之间形成互动关系，而重新组建群，不仅麻烦而且也受限于微信群 500 人的规模，管理非常不易，交流困难。公众号更多的是推送，是由点向面的传播，反馈差，对于不喜欢说教的新生代来说，并不是一种好的接受方式。而且公众号众多，内容繁杂，很难让使用者能够迅速分辨出自己需要的信息。对于要秀自己、要圈层社交的年轻人来说，微信公众号就过于呆板了。

但对微信最大的打击还是来自于视频领域，自 2017 年下半年的短视频风口到来，微信及微信公众号一直处于被动地位，兼容性差、交流性差，迅速地被使用者抛弃，而大 V 也迅速回归更加适合视频构建的社群软件——微博。视频的风口，让流量的入口多了一个重要的来源，而这个不是腾讯统治的领域，导流性差。在资讯的风口被头条抢占，视频的风口被快手、抖音抢占后，微信与微信公众号不再是能自我增进、自成循环的生态系统，反而由于不能与视频形成良好的互动，难以组建意见领袖型交流社群，不仅流量入口受到局限，反而内部体系流量失加剧，微信公众号的用户流失严重，而内容生产型的大 V 转变策略迎合读者，却又导致内容的下降，进一步导致微信公众号的下跌。

当前公众号内容只有成为资讯型的热点追逐与热点评论，才能够获得较多的阅读量，使得人们的阅读进一步疲劳，也加剧了内容生产的空洞化。2015 年，微信公众号的粉丝数与阅读量的比例很多能够维持于 20%，甚至更高。而 2018 年只有强号召的公众号才能维系在 10%，多数公众号处于 2%~3%，同时推广传播的难度也越来越大。微信公众号与微信之间开始陷入一种尴尬的相互拖累的局面。微信越来越像曾被自己替代的 QQ，是个通信联系工具，而非一个社群工具，而公众号的资讯职能被取代，深度内容坚守者流失，追逐热点而非沉淀的内容充斥带来阅读疲劳，与当前视频的非流畅兼容，甚至强制转化为腾讯视频内容，让视频用户加速，而这其中大部分的是新生代、是女性客群。

结语

从当前来看，虽然微信公众号、微信群的推广仍然是新媒体推广中的首选媒介，但是它在一步步式微，尤其在新生代中它的号召力在进一步下降。而微信使用者的年龄在增长，对于中老年的客群来说，微信推广仍然是他们的主流方式。但是对于新生代而言，选择已经开始多起来了，视频、微博及其他以此为基础的新媒体在分流，而且随着用户的使用惯性和使用群体的扩散，这些新媒体未来还将进一步壮大，营销者只有对这一趋势有足够的敏感性，及时地进行一定的布局，才能在未来把握这种改变，很好地取得相应的效应。

具体对于景区营销来说，微信与微信群、微信公众号的营销仍然是需要重视的基本盘，只要微信作为中国第一社交媒体的地位没有变化，那么它的传播就有着别的媒体无法替代的优势。但是随着视频领域、资讯领域对于微信体系的打破，微信的日活量在下降，微信公众号的传播在削弱，尤其对于娱乐、摄影、美食、旅游、美妆等圈层群体的削弱很明显，这种情况下，在微信以外，对于微博、小红书、抖音、头条号及其他的新媒体的关注与运用就必须提上日程，这样方能在不同新媒体间做好及时地切换，甚至能够利用不同媒体的特性，稳定地收获一拨游客。

第四节　网红景区：新媒体的综合运用

目前的景区运营者，开始对网红景区引流都有了一定认识，因此对于打造网红景区也都有着浓厚的兴趣，但是对于如何打造网红景区，却有着诸多的误区及茫然。网红景区的打造是一个综合而复杂的过程，许多的同行认为网红景区就是选用一批网红在景区进行视频拍摄，然后利用网红自带的流量就可以将景区带入网红的道路，其实这种认识还没有到位。固然利用网红或意见领袖（Key Opinion Leader，KOL）带流量也是网红景区打造的一种手段，但是网红景区的操作却不止于此。

本书第三章第一节就曾指出，网红景区的打造有三大路径：一是通过引入网红项目打造；二是通过网红或意见领袖引流打造；三是通过内容策划打造。但不论是哪一种形式的打造，它们都离不开媒体传播，因为网红景区就是传播出来的，而在传播中，传播的主体就是新生代群体，主要的渠道就是新媒体及新媒体综合运用。

网红景区的媒体综合利用，从景区操作层面来看，有三方面的问题需要切实注意：第一就是符合新媒体特性的内容生产；第二是新媒体的选择与利用；第三是新媒体的迭代与侧重。

一、符合新媒体特性的内容生产

要打造网红景区首先就是要在新媒体上进行内容生产，要生产符合新媒体特性的内容，要有与景区未来需要定位的，以及与自己的客群，尤其是年轻客群能够产生共鸣的独特性、系列化的内容。这些内容既包括视频内容，也包括文字、图片内容，根据新媒体平台的不同属性进行投放。

其中视频内容需要注意的是要实现确定好景区未来的主要推送的内容，这个内容一定要在视频中呈现出强烈的画面感或代入性，而且让人们能够低难度地进行相应的重复拍摄与上传，能够让人们在朋友群里产生评论与共鸣。而文字与图片的内容生产则需要注意以下九个方面。

第一，从立意到标题、排版都需要精心布置。

第二，文字不能够过于广告味道，也不能过于死板。作为软文，要有情怀，要能够调动年轻读者的情绪。

第三，要能够在文中点出所要宣传的景区的亮点，这个亮点不需要太多，1~2 个能够引起强烈共鸣或强烈好奇的点就可以了。

第四，图片要足够漂亮，最好经过一定的处理，能够亮色与暖色一些，但是又不能够过于喧嚣、杂乱。

第五，文字不必过多，最好控制在 1000 字以内，一般而言 500~800 字就可以将所需要表达的内容阐述得足够清楚了。

第六，标题要足够亮眼，可以有诱导性、参与性或悬疑式等多种方式，让标题在读者心中产生更大的好奇心，让标题就能够抓住读者。

第七，封面图片一定要抓人眼球，封面的图片是给人们的第一冲击，只有图片与标题搭配出来，能够激起人们阅读欲望才能够让他们有兴趣深入文中。

第八，要在文中合理的导流，但不要过于商业化，要有润物细无声的效果。

第九，部分的促销手段、扩散手段有助于整体效果的实现，如传播抽奖、奖励门票住宿等，都能够带来很好的传播效果。

新媒体内容生产的目的就是引流，利用新媒体平台本身的社群圈层属性进行引流。扎实的内容是引流的关键，引流并实现继续转发传播，是一切网红效应的基础。

二、新媒体的选择与利用

近年来新媒体的迭代异常迅速，已经很难有新媒体能够稳稳地将各个群体都抓牢在自己手中了，因此熟悉新媒体并很好地利用它们，就成了景区运营者的必备课程。

微信是中国新媒体的王者，2017 年日活用户超 8 亿，在微信为王的年代，微信公众号、微信群、朋友圈构成的有效生态圈能够有效地传播信息，但是自 2018 年以来，新媒体的发展停滞，微信的日活在急剧下降，迅速降到 6 亿左右。微信公众号的营销效果也在明显消退，但仍然是不可忽视的新媒体选择，作为面向普遍性人群的传播，还是微信的效果最好。

微博在 2018 年随着与短视频的良好互动，再次进入人们的视野中，尤其是在美妆、娱乐、旅游、游戏等领域的引流与转化效果非常好，广受新生代大学生们的热爱。但是总体而言，微博的用户呈现出精英化的倾向，文艺类、情怀类、小资类的内容生产在微博上的传播效果更佳。

小红书作为年轻群体记录自己生活片段的软件，在年轻群体中逐渐流行开来，据小红书官方统计，小红书的官方注册人数已经超过 2 亿，可以说是近年来增长较为迅速的新媒体。而小红书的群体偏向年轻群体，尤其是初高中、大学学生及刚入职场的年轻人，用以分享各自圈层的体验。

头条号是随着今日头条的崛起而崛起的新媒体，今日头条在近三年来增长迅猛，根据 2018 年 6 月《今日头条深度分析报告》，今日头条的 App 累计激活用户数超 7 亿，月活用户（MAU）达 2.63 亿，成为新闻类 App 的头号软件，其名下的头条号也水涨船高，在如此多的月活用户的推动下，往往阅读量较高。

抖音短视频是 2018 年短视频领域的一匹黑马，根据 2018 年 6 月抖音公布的数据，抖音国内的日活用户突破 1.5 亿，月活用户超过 3 亿，用户的年龄结构从早期的 18~24 岁，上升到了 24~30 岁，该年龄段用户占比目前已经超过 40%，而且抖音还是目前新媒体中用户互动情况最好的平台之一。抖音的短视频往往能够带来较多的关注、赞赏与交流，因此也能够形成较好的转化效果。网红类内容生产在抖音上的操作是比较成功的。

快手短视频是 2017 年短视频领域的王者，根据其官方统计数据，它的用户曾一度达到 7 亿，其用户多为三、四、五线城市居民，最高学历一般低于高中，但是在 2017 年，快手也曾火爆整个中国，让人们对于小镇青年的消费能力刮目相看。

知乎是一个知识分享平台，知乎的用户达到1.6亿，知乎上产生了大量的意见领袖（KOL），在知乎上分享知识、旅游经历也曾经一度是年轻人的风尚。

马蜂窝曾经是全国最大的旅游攻略分享平台，在这个平台上产生了大量的旅游达人，旅游大V，他们的游记分享曾经是景区推介自己的重要平台。马蜂窝一度垄断了国内的游记与旅游攻略的内容生产端，对于目的地引流具有非常大的作用。

百度号、搜狐号也是内容型分享的新媒体平台，从内容的质量来看百度号、搜狐号的原创较少，但是立足于百度与搜狐这两个曾经的大门户，在百度号和搜狐号上的推介文章往往比较容易被搜索到，所以这两个信息平台比较多地用于网络信息曝光。一点咨询在资讯方面类似今日头条，一点号的性质也有些类似头条号，受到爱读新闻人士的追捧。

各类新媒体在网红景区的打造中都有其各自的作用。

针对头条号的群体属性，标题内容应该简短、暴睛，使人第一眼看上去就有兴趣，头条号具有很好的引流效果，往往能够被用来炒作事件，以及为微信公众号、微博账号引流粉丝。

针对小红书群体，应该符合它有品质小资年轻化的属性，而且随着年轻化群体的消费崛起，这一块越来越被重视，尤其是它是一个视频和图片文字并重的平台。

针对抖音、快手这类短视频平台，视频内容可以“粗俗”，也可以高雅，但它们必须是有趣的，有明显的受众群体的对应内容。

而微信公众号则应该有自己的特色，如排版、内容属性，应该有所固定，让粉丝一眼就能认出公众号的“调性”，提升粉丝的黏度。

马蜂窝、知乎、搜狐号、百家号、一点号等也在引流、增加曝光、增加搜索量等各方面均有相应的作用。

三、如何应对新媒体的迭代

新媒体的迭代问题是旅游运营必须面对的问题。由于社群圈层兴趣迁移及新技术的不断迭代，新媒体的迭代不可避免，一旦发生新媒体迭代，其传播都会带来翻天覆地的变化，而其侧重的内容也会各有偏重。从微信公众号崛起到微博复兴，从快手衰落到抖音崛起……各类型新媒体在兴起衰落过程中都有巨大的变化、都有不同的运用，对于旅游运营影响巨大。

景区在网红景区的打造及营销过程中，往往也面临着新媒体迭代的问题，一方面是新媒体迭代带来猝不及防的惊喜，赶上新媒体迭代，发生被动型“走红”，是所谓的“躺着挣钱的意外”，如短视频迭代，抖音带来重庆的洪崖洞景区爆红。另一方面也有可能是新媒体迭代对原有的营销体系的冲击，如很多景区才接受或开通微信公众号，却很快发现微信公众号的引流效果、传播效应已经在大大下降，原有的计划赶不上变化。

如何应对新媒体的迭代？

首先，要时刻关注新媒体的迭代问题，每个阶段都会有大量的新媒体产生，同时就会有新媒体的衰落。景区应该关注那些迅速崛起的新媒体，尤其是形成了现象的新媒体，如抖音的崛起，在社会上引发了热议，就必须跟进。如果是国际营销，就不仅要对Facebook、Instagram、Twitter等传统自媒体充分关注，也要对Tik Tok这种新兴的中国向外传播的媒体加以关注。景区运营者要在新媒体方面积极进行相关的尝试。

其次，景区要有基本的新媒体平台，要在不同的新媒体兴盛过程中能够充分掉转精力。每个景区营销部门的精力总是有限的，同时驾驭3个以上平台就已经非常吃力了，那么就必须有重点。要根据景区自己的侧重点，及时调整自己内容投放的主要媒体平台。例如，广东部分的网红民宿，价格1000元以下，其主要受众是学生以及初入职场的白领人群（尤其是女性），它们的新媒体平台就慢慢转向以小红书与抖音为主，微信公众号、微博为辅，在短视频迭代的风潮中取得了不错的效果。总体而言，微信的月活量在所有新媒体中还是最高的，因此微信公众号依然是景区选择的主流平台，但还需要在其他的新媒体平台进行一定的布置，进行新媒体平台的测试，找到适合自己的营销新媒体组合，这样才能及时地调整策略，应对新情况。

结语

新媒体的综合运用是网红景区打造中的重要环节，只有把握新媒体的特点，跟进新媒体的迭代，顺应新媒体的规律，将它为景区所用，才能取得好的打造效果。

第五节　如何应对网红景区的新生代市场

网红景区是依靠传播而产生的，但最终它的落脚点却首先是新生代群体，因此需要明确如何来应对新生代，进而有策略地打造网红景区。本节主要阐述从网红景区的直接引流对象新生代入手，看如何营造新生代喜欢的网红景区。

从景区的实际操作层面出发要应对新生代市场就必须要注意四个方面：一是注重创新内容的生产；二是介入专业社群圈层；三是注意流量引导与转化；四是做好本地市场。

一、注重创新内容的生产

在本书的第一章就曾经详细阐述新生代的旅游特点：他们通过圈层社群获取信息。新生代出生于网络时代，赶上了全球信息大爆炸，海量知识的冲击，却又缺乏系统性的知识构架，碎片化、快销性的知识迅速占领了他们的信息获取渠道——网络、手机使他们迷失于信息轰炸及快速的社会变革之中，而静思沉淀及系统性的知识体系构建，由于占用过多时间而被他们放弃，因此已成体系的内容生产就成为他们的选择，这也是知识付费被他们认可的原因。

近年来非常火爆的知识类栏目高晓松的《晓松奇谈》、罗振宇的《逻辑思维》都是因为简单灌输的体系化内容生产而备受推崇。新生代已经快到没有时间来安静地读完一本书，很多都选择别人读书总结，然后获取别人的读书内容了，成为知识付费的消费者。旅游也是如此，胸怀着环球世界梦想的新生代，受迫于思想大于行动的窘境，只能迫不及待地寻找别人的朋友圈旅游经历、旅游公众号去体验世界。

在这种背景下，景区如何进行内容生产，如何让自身的内容生产能够走进新生代群体？以下六个方面的内容是需要注意的。

（一）要能够走进新生代的圈层社群

要让景区的内容生产能够符合新生代的旅游休闲期望，这是最基本的要求。了解新生代，走进新生代，让景区景点内容、城市乡村风貌、旅游项目场景变成文字、视频、歌曲、影视或其他内容进入到他们的圈层中。否则，新生代真的没有时间来关注你。所以景区内容生产要走进新生代的社群，融入、引领他们。

（二）体系化内容生产更具效率

新生代能够非常便捷地获得大量的信息量，但这些信息往往分布在各个媒体各条渠道，信息破碎化已经成为他们获取信息的基本特征，这也深深地困扰着他们深入体验。

破碎化信息时代下，体系化的旅游内容生产就至关重要。越是体系化的知识，越能够节省新生代信息处理的时间，缩短决策过程。例如，如果是沙漠植物景区，就需要让沙漠植物的知识内容形成体系，从沙漠植物的介绍，到沙漠植物的体系，到沙漠植物的一步步演变，建立景区内容知识库，在内容库中打上景区独有标识，使新生代们在阅读体系化内容的时候，潜移默化地接受景区。许多景点景区在淡季的时候难以寻找出路，其实体系化的内容生产可能正是他们需要做的。

（三）重视内容生产的趣味性与独特性

专业而枯燥的内容生产往往很难获得新生代的青睐，他们获取的内容需要趣味性与独特性。以民俗为例，景区如果需要向新生代推荐民宿，只是介绍景区的民宿价格好、质量好、环境好，其实很难达到让新生代广泛接受而成为爆款，因为这些推广没有趣味性，在众多的民俗中也难以凸显独特性。因为新生代可能更感兴趣的是民宿生活内容，民宿主人的生活、感悟，相应的桃源心境与时光点滴。这就是一种趣味性与独特性结合的内容生产。

内容展示的方式也需要同时进步，同样要具备趣味性与独特性。同样的植被，枯燥的知识，不如有创意的展示，如景区描述昙花盛开的内容生产，再多的学术描绘、万千文字图片都敌不过昙花一现的抖音视频。在农庄型景区中，新生代亲自参与的霸王花授粉图片也比文字更有力度。对于新生代而言，体系化内容基础上的一份小惊喜、小确幸更能打动他们。因此旅游内容生产要有趣味性与独特性才能吸引到新生代进行旅游消费。

（四）内容创新是灵魂

内容创新非常重要，许多的景点景区、旅游项目本身非常不错，或天生丽质，或底蕴深厚，或精彩绝伦，但是它们在信息时代传递的内容却非常陈旧。因此景点景区需要积极地进行内容创新去改变自己的形象，在自己的客群中永远处于领先的地位，内容创新是景区内容生产的灵魂。

以现在的 IP 大热门故宫为例，在 2013 年以前，它的形象也是过气的：腐朽的王朝、深藏的古董、幽怨的后宫、森严的宫阙、破败的庭院……整体内容非常陈旧，对新生代而言，吸引力不大，仅仅是打卡或 mark 一下。但是当故宫开展文创创新后，内容创新随之展开，历史与文化以新的形象出现于眼前，动漫、影视、纪录片及其他媒介介入，让故宫瞬间贴近新生代，从而成为他们向往的场所。雍正也风趣了、乾隆也搞笑了、俏格格也不傲慢了、大将军也萌了，新的内容形式更好地圈粉了新生代。抖音和七大博物馆联合推出的第一届文物戏精大会就是很好的文创案例（见图 3–3）。

在文化部和国家旅游局合并组建文化和旅游部后，文旅融合、文旅创新的方向将更加清晰，在其他的博物馆、植物馆、海洋馆、风景名胜区等都需要旅游内容的创新，不仅仅是部委的要求，也是服务对象的基本需求。

图 3–3　第一届文物戏精大会

（来源：视觉中国）

（五）意见领袖或权威体系更容易引发关注

没有很好的自身知识系统，就意味信任权威成为可能，这是新生代群体的特点。他们虽然认为自己特立独行，却也极易受权威影响，这也是知乎、微博、微信、朋友圈、悟空问答等平台能够诞生大量大V的原因，新生代愿意倾听各自圈层的意见领袖的声音，愿意在自己未知的领域追随大V。

有鉴于这一特征，旅游内容生产需要一定的权威体系，这样能够更多地吸引这些消费者，他们为权威埋单。事实上，曾经的马蜂窝游记攻略平台上就诞生了大量的旅游大V，引领着新生代向相应的目的地出发。

景区也应当利用好这一潮流，如果是植物园，就要通过内容生产需要建立植物园推介的权威；如果是山水景区，就需要通过内容生产建立在山水游玩的领域的权威。在推广权威知识的同时，利用相应的信息植入，使得新生代能够接受景区内容，并产生游玩的念头。

（六）内容生产需要为消费转化留足空间

不管是何种内容生产或创新，大到整个景区的整体转型，小到民宿中展示的某款茶叶，内容生产都要为未来的消费转化留足空间。例如，创新的动漫形象，就要为公仔、漫画、挂图等文创产品留出空间；创新的是某款咖啡，就要为咖啡豆、咖啡饮品等预留空间，因为消费转化是内容生产的终极目的。

二、介入专业社群圈层

旅游业界实践的诸多同人发现，其实新生代的消费能力一点也不比“70后”“80后”差，这一点在每年的淘宝“双十一”数据中也能发现端倪。新生代是“天生富贵”的一代，如果产品得到他们的认可，价格高一些他们并不会有太大的意见，他们是认同“物有所值”的，并且会在自己社群圈层中宣传推广。但如果得不到他们的认可，即使是一分钱，他们也会认为“不值”，而且会迅速地在圈层中表达出来，直截了当。因此，想要吸引新一代，介入他们的社群圈层就非常有必要了。

景区的第一种介入方式是本身就在圈层中或者甚至是圈层的引领者。这需要景区内容生产能够跟上节奏，一个优秀的内容生产者，不论他（她）使用何种传播手段，诸如微博、微信、公众号、知乎、马蜂窝、悟空问答、快手或抖音，他（她）的内容生产引领（积极参与）了专业圈层后，他（她）本身就是这一专业圈层的权威，他（她）在这一圈层中的参与会很高，圈层中的新生代会很容易成为其流量转化对象。内容生产者能够会聚一大批粉丝，进而实现流量在现实中的转化。一个典型的案例就是多肉界的二木，凭借内容生产与分享，成为多肉界的传奇人物（见图 3-4），出版《和二木一起玩多肉》，继而进入旅游圈建立多肉花草王国，大量的新生代多肉粉成为其坚定的客户，集休闲、培训、体验于一体的小庄园有声有色。

新生代的专业圈层是非常特殊的圈层，具有较强的凝聚性，需要长期地关注、参与才能进入圈内，才能获取信任，实现社群圈层流量向旅游的转换，付出多，收获也较为稳定。这种方式需要花费大量的时间，需要大量的前期积累才能成为大 V，凭借内容生产与权威体系，如果能够加入旅游专业开发，最终就能顺理成章地转化为现实消费。

图 3-4　二木的多肉植物内容生产

（来源：视觉中国）

未来可以看到更多的此类旅游休闲项目的诞生，从专业社群圈层走出来，形成景点的旅游项目。例如，现在自带流量的飞拉达项目也是原来的攀岩群的内部爱好，后来专业人士介入形成旅游项目，取得了良好的效果。

景区第二种介入专业社群圈层的方式是直接与相关的专业圈层团体合作。内容生产型圈层转入旅游，在很多情况下并不适合旅游企业来做，因为旅游企业面临的生存压力，导致其在竞争中已经顾不上积累，而且本身的专业性不足以支撑此类项目的展开。那么第二种介入方式，与新生代专业团体的合作就是非常重要的方式。

旅游运营者可以有意识地与新生代专业团体进行合作，某种程度上也能够逐渐地进行新生代的渗透，如通过活动或为相关活提供场地。例如，赞助为无人机团体举办无人机比赛活动、为汉服团体提供汉服秀场地、为二次元社群提供 cosplay 与动漫活动场地等。这些虽然效果不如内容型生产效果好，但是能够直接与新生代群体发生关联，付出的成本不高，但收获的关注却可能不低。

需要注意的是，新生代的专业圈太多，个性化太强，频繁去逢迎新生代很有可能会适得其反，所谓打造适宜于所有新生代的产品，往往可能因为个性化不够鲜明而被新生代所嫌弃。

三、注意流量引导与转化

景区应对新生代旅游市场要特别注意的第三件事情是要有流量思维，注意流量及流量转化。这里主要涉及三个问题：一是流量的引动；二是流量的释放；三是流量的转化。

（一）流量的引动

流量的引动就是引流。引流要注意平台引流与大 V 引流。通过洪崖洞的案例可以清晰地看到，PC 端对于新生代的消费影响已经在减弱，而移动端的影响却已占据主导。因此，要实现对新生代的旅游引流，移动端的引流非常重要。同时从案例可以看到，在移动端的引流中，自媒体、分享型 App 在其中占据了重要的地位，洪崖洞的 IP 形象转变，就是在知乎和马蜂窝上共同完成的，在微信、微博公众号上巩固的。前期知乎作为一个互动式的知识共享社区，承担了大量的内容生产工作，这种内容生产不像百度百科那样刻板，容易受到新生代的青睐，同样功能的是悟空问答，让大 V 参与问答，并给予打赏，使得新生代更有参与感。马蜂窝则实现了由内容生产到旅游落地的流量转化，同时通过互动式的游记引动了新的流量。

大 V 引流则是直接联系大 V，利用大 V 本身的引流能力，为景区引流。因此现在很多的景区启动或者项目开始时，都会发动一批大 V，希望借助他们的影响力达到扩散引流的目的。

（二）流量的释放

常规的流量引动到流量转化要通过多个环节，因此流量的耗损就必然产生，但是也有耗损较小的转化形式，那就是集内容生产与流量释放于一体的，最典型的就是短视频或直播。因此从洪崖洞的案例可以看出，在 2018 年 3 月抖音强势迭代短视频产品后，洪崖洞的流量迎来释放与爆发。

因此，当流量的引导达到一定的阶段后，内容生产与流量释放为一体的强转化 App 往往能够加速流量的释放。这一过程与引导期不一样，会非常凶猛，很容易形成爆款，这是新生代消费特征带来的结果。近段时间，小猪佩奇从低幼儿童 IP 转变为“社会人”IP 形象后，在 MC 天佑等主播在快手直播中爆红，以致其山寨的手表、文身等卖到脱销就是一种释放。而小猪佩奇乐园的建立也能够获得一波流量释放的红利，但是未来是否能够继续走红，就取决于其流量转化的能力。

流量的引导与流量的释放造就了大量“自来水”，它们不为利益，只为满足自身的情感表达及圈层的认可需要，很容易造成“打卡”旅游，为了不浪费流量，流量的转化就显得尤为重要。

在景区运营中，流量的转化最终还是落在景区的基本功能上，“行、游、住、食、购、娱”这些基本要素的支撑对于流量转化而言至关重要，将流量从爆款本身向景点景区的消费性项目转移，一方面能够增强景区产业链盈利能力；另一方面有意识地将新生代的焦点引向景点景区的其他方面有利于引爆其他的热点，带来持续的关注与流量。

（三）流量的转化

将整个地区视为一个流量转化场所的话，流量的转化在景区运营中就更有意义了。网红景点景区作为流量入口，让整个区域的其他景点景区能够分流转化这些流量，从而达到扩大整个区域旅游容量，整体提升区域旅游的目的，这在全域旅游的运用中有着非常重要的意义。如果从这个角度来看，类似洪崖洞景区这样的网红景区更多的应对方法不是加收门票，而是应该以此为契机，加强重庆渝中区整体旅游环境的通畅与连贯性，使流量形成闭环，促进洪崖洞稳定而持续地发展。

适当选用流量引导媒介进行相关旅游形象的 IP 转换，在流量积累到一定程度时，转换媒介进行流量释放，在实际的旅游空间中积极进行流量的转化，这些有助于推动新生代旅游向预期的目标发展。

四、做好本地市场

从洪崖洞现象可以看出，要成为一个全国性的爆款网红，前提是在本地市场中已经取得较为良好的成绩。洪崖洞不是一夜爆红，然后悄无声息地再次沦落，而是后期持续不断地被人记起，人们去洪崖洞不断地“打卡”旅游，这里面有一个重要的因素就是本地市场的支撑。

洪崖洞前期就是重庆夜游的重要景观，经受了本地及外地游客的接待检验，形成了自己本身的特色。能够长期地根植于重庆人的心中，在其 IP 形象转变的过程中，仍然是以重庆本地的需求为最大的客源市场。同样在“摔碗酒”推动下爆红的西安，带动的仍是西安传统的几个景点。由此可以看出，即使是要吸引新生代市场，在本地能够将市场做好、做大才是根本，本地市场是旅游事业能够生存的根本，先谋生存、再谋发展是一条基本的发展路径。

在本地市场中存活下来，才有可能引起本地新生代的注意，才有未来消费迭代与形象更新的可能性。做好本地市场，主动创造相关内容，然后等风起，才是做好新生代市场的正确方法。因此，能够把握本地市场是未来迈向新生代旅游消费市场的坚实基础，未来可以发现“本地的就是全国的、中国的就是世界的”，这是由新生代消费市场的特征决定的。

结语

新生代青年人的消费特征决定了未来市场开拓的方向，正确理解“打卡”式旅游，努力进行旅游内容生产与内容创新、积极介入新生代专业群体圈层、注意流量及流量转化，并且始终记住做好本地市场，方能等风起，这些是新生代旅游的正确打开方式，未来青年人的旅游生意由此展开。

第六节　网红景区的系统引爆

网红景区的媒体传播已经在之前进行了论述，现在的问题是如何通过一定的手法，将景区呈现出网红景区的效果？如何把握一个个的传播关键进行总体的呈现？答案就是系统引爆。

本节将从内容生产、短时间内的密集引爆、定鼎营销、后续推进及新的周期考量四个方面来谈网红景区的系统引爆操作。

一、内容生产：整体 IP 与分类 IP 的确立

要做网红景区的系统引爆，首先要做的就是景区的分类 IP 的寻找与总体 IP 的确定。因为要系统地引爆一个网红景区，其本质就是对景区的整体 IP 重新打造的一个过程。一个凝练的景区 IP 是由整体 IP 及各类分 IP 共同构成的。

（一）整体 IP 的确立

就中国大部分的景区而言，还没有意识到景区 IP 的打造，整体的内容生产体系非常匮乏，而在目前阶段，最匮乏的就是整体的 IP 的定位与打造，总结一句话就是"景区是什么"都还没有能够阐述清楚，扩展到城市旅游，就是"某城市旅游是什么"这个基本的事情还没有阐述清楚。因此首先要做的就是把景区的整体 IP 找到，然后围绕景区的整体 IP，构建分类 IP 体系，这样才能为打造一个完整的内容生产体系提供先决条件。

整体的 IP 如何确立？景区的整体 IP 应当从两方面确定：一方面是景区现有条件及景区现实环境综合提炼；另一方面是要迎合景区游客人群的需求，顺应时代发展的需求进行提炼。

第一是从景区的现有条件及景区现实环境出发，首先就是景区的自身的条件，既包括景区的历史条件、景区的荣耀承载，也包括景区的已有项目、现状经营、现有定位，更包括景区的未来投资计划、设备更新、未来重新定位等。历史是一个好东西，但面对风云突变的市场，现状及未来的市场定位更加重要，因为 IP 一旦形成，就是要求景区在现在及未来一段时间内进行整体性的包装及操作的。因此，现有及未来市场定位更加重要，有时候为了市场，改变以往的历史形象也在所难免。尤其是在一些老景区的升级过程中，原有的形象已经成为景区的包袱，新的统筹性的 IP 必须在新的定位及设备更新等一系列的要素下提炼。例如，一些原本的山水型景区，在城市扩张后，已经逐步成为城区的一部分，因此原本的郊区型的山水景区的定位已经不再合时宜，这种景区应积极适应改变，将景区未来的发展与城市的休闲旅游充分结合，从而确定出新的 IP 就非常有必要了。

第二是需要迎合景区游客人群的需求，顺应时代发展进行提炼。在这里，不仅仅包括现有的景区人群的需求，更包括了潜在游客的需求，尤其是需要提

升的景区，现有的游客结构未必是未来的游客结构，需要做出较大的调整。例如，很多现有的山水类景区由于市场老化，游客群体以中老年游客为主，或者以旅行社游客为主，而进行主动的景区提升后，必然伴随的是景区游客人群的变化，如转向亲子型乐园后，主要的客群就转向了以家庭为主的客群、以青少年为主的客群，在不放弃原有客群的前提下，如何迎合潜在客群的需求就显得非常重要了。整体的 IP 必须符合新的人群的相应要求与期待，同时必须顺应时代的发展要求进行提炼。在许多提升型的景区中，由于主体人群已经发生变化，相应的时代性也在变化，更多传播与更多的声音需要顾及新生代群体及女性群体。因此，将景区 IP 顺应群体变化的需求，顺应时代的需要进行整体性考虑就非常有必要了。

在景区条件、客户需求的双重要求下，系统地整理景区的相关条件，从而理出整体性的 IP 成了当前景区网红引爆的首要条件。这个 IP 不仅仅是一个形象符号，更是一系列的内容与场景的体现，它包括了该景区对于景区条件及市场条件的整体性判定和定位，确定了总体的内容方向，当然也明确了景区的主体场景的内容。

一个网红景区如果要进行引爆，不论引爆的是哪个方面，总体的 IP 一定要有意识地去营造，有时候是意外引爆了内容，然后推动整体 IP 为游客所熟知，有时候是引爆了整体 IP 然后带动景区内其他 IP 的渐次火爆。总体而言，整体 IP 的作用巨大，必须在引爆之处就有所确定。例如，长隆的整体性 IP 是什么？就是国际性的亲子型乐园，一切的场景内容及分类 IP 都是服务于这个整体性 IP 的，因此长隆乐园中每一块内容都体现着这个总体 IP 的思路，不同的 IP 又分别阐释着这个思路。

如果是大型的旅游集团，类似长隆这种，在整体 IP 下，每一个主题乐园又都存在主题乐园整体 IP，这些主题乐园整体 IP 密切服务于集团整体 IP。例如，番禺长隆乐园、动物园、水世界、大马戏等分别有各自园区的整体 IP，从而共同构成国际亲子乐园的大 IP。

（二）分类 IP 的确立

一个整体的 IP 并不足以支撑整个景区的内容体系，因此还需要分类 IP 加以配合，这些分类 IP 的打造通过以下的途径：一是根据不同项目进行提炼，二是根据不同主题进行提炼；三是本身有内容或故事的能够形成自身的场景

IP或故事IP；四是景区中已经在社会上有一定IP属性的事物的强化。

第一，根据不同项目进行提炼。就是根据景区中主体项目的不同，对受欢迎的不同项目进行IP提炼，如网红类景区中，往往会对玻璃廊桥、小火车、呐喊泉等能够引发网红效应的项目进行IP提炼，使之形成分类IP，而每一个分类IP最终又聚合在一起，衬托整体IP。例如，如果整体IP就是某区域的第一网红景区的话，那么它的分类IP必然是各个网红项目的IP，将整体IP分解下去与分类IP保持一致。长隆野生动物园中也是如此，国际亲子动物园的大IP，与园内一个个分项目IP相对应，如老虎区的老虎卡卡IP、熊猫区的熊猫三胞胎IP、考拉馆的考拉双胞胎IP……不同的项目中提炼出不同的IP，最后合成国际亲子动物园的整体IP。

第二，根据不同主题进行提炼。就是如果景区在长期的发展中形成了跨越历史、自然、文化、网红等多主题要素的时候，那就要在提炼的整体IP下，对不同主题进行分类IP提炼。例如，白石山景区从本质来看整体IP是一个北方新锐奇秀山川的IP，但是不同时期的运营留下来不同的主题，既有网红主题、又有山岳文化主题，还有历史主题、自然山岳主题……统一于北方新锐奇秀山川的IP之下后，首先就是适应新市场新人群的网红廊桥IP，然后就是适应新生代对北方新锐山川审美的山川类IP，还有顺应相关的新市场的历史文化IP，因此根据整体IP的需求，对景区内不同的主题进行IP的提炼，从而形成分类IP，也能够促使完整的内容生产体系的形成。

第三，本身有内容或者故事的能够形成自身的场景IP或故事IP。典型的就是历史人物类的IP，或者小说、电影、动漫、游戏等内容的IP，由于人物、小说、电影、动漫、游戏等本身就具备一个系列的故事或者场景，只要利用其中的独特性片段或者场景就能够形成一个个的分类IP。例如，如果是以名侦探柯南为主题构建的景区，由于名侦探本身就有许多的故事及景点的场景，直接进行IP提炼就可以了。或者以《西游记》为主题的景区，只需要利用《西游记》小说中的场景内容进行IP提炼与构造就自然可以建构出新的分类IP了。

第四，景区中已经在社会上有一定IP属性的事物的强化。有些景区有一些内容本身就具备了非常强的IP属性，这种情况做分类IP只需要将这些属性本身就很强的IP之提炼出来，然后与其他的分类IP一起使用即可。例如，在一些动物类亲子乐园中，诸如海豚、海狮、猴子、羊驼等本身已经具有较高的

IP 属性，也有非常多的影视动漫作品本身就是以它们为蓝本进行阐述的，因此类似的分类 IP 是可以直接提炼使用的。

以上就是整体 IP 和分类 IP 体系的构建，只有建立了整体 IP 和分解整体 IP 的分类 IP 才能够在这一基础上形成内容体系，才能够真正地生产景区的内容。景区的内容生产，以及其后的相应的推广等都必须基于这个 IP 的整体体系进行。

二、短时间内的密集引爆

一旦确立了整体 IP 及分类 IP，那么网红景区的打造就此开始，这个打造的方法就是要在短时间内进行密集引爆，从而在圈层及潜在客群范围内引发广泛的讨论和爆破。这一类的引爆方法总体而言可以分为以下流程：一是项目引爆是先手；二是项目关联引爆；三是节事活动引爆穿凿其中；四是分主题 IP 依次引爆。

（一）项目引爆是先手

鉴于目前的网红景区往往是由网红项目引发的，因此，通过一定的项目引爆能够触发到客群最直接的渴望，从而达到爆红的目的。现阶段处于大众旅游阶段，细分市场还不是那么明显，这种情况下整体性的景区营销效果反而不如单个的网红项目，因此利用单个的网红项目形成系列引爆，让受众迅速地知道景区已经开始引入新项目、适应新发展了，是非常关键的。例如，某景区开始引入玻璃廊桥了，或者引入了呐喊泉，或者摩天轮，或者是其他的新项目，这种情况下，应当大张旗鼓地进行新项目的引爆宣传，要让已有游客及潜在客群都能够接收到这一信息，并且迅速地传播出去，让新项目带动一轮新的舆情引爆。

通过网红项目引爆，能够迅速占据景区在某一地区此类项目的空白，从而形成客群的信息冲击，能够迅速激发人们的好奇心与探索欲，从而形成第一波的游客潮。

（二）项目关联引爆

在第一阶段的网红项目引爆之后，持续的引爆手法就是项目关联引爆，项目关联引爆包括项目场景关联引爆和相关项目关联引爆。

项目场景关联引爆是指设置与新项目相关的各种应用场景，带动不同的客群在此场景中进行创意呈现，从而带动各潜在人群的消费需求。例如，以玻璃廊桥作为系列的，中惠旅曾经做过玻璃廊桥摄影、玻璃廊桥新人婚庆、玻璃廊桥音乐会、玻璃廊桥购物、玻璃廊桥男神会……通过诸多场景反复在某个或某系列的新项目中出现，从而加速传播，让项目带动景区率先爆红。

相关项目关联引爆是指通过网红项目的引领带动，带动景区内的其他项目一起形成引爆，这样能够扩大客群或者潜在客群对于景区的项目丰富度的了解，同时还能够加强原有的网红项目的曝光率与大家的认知。例如，在拥有玻璃廊桥项目的景区中，将玻璃廊桥与过山车、玻璃廊桥与呐喊泉、玻璃廊桥与夜景灯光等相关项目的关联，这样能够带动整体的景区项目的红火，这就是项目关联带来的效果。

（三）节事活动引爆穿凿其中

网红项目引爆和项目关联引爆可以带动相应的景区内的项目名气，进而带动整个景区的名气的上涨，形成项目红进而带动景区红的效果。这些网红项目及项目关联在节事活动中的引爆，因为节假日是游客最有闲的时间，会有大量时间来专门关注相应的信息，因此这是最好的传播时间。

通过节事活动前期的重点的引爆，能够在节假日期间占据重要的信息吸引，从而在客群或潜在客群中形成强联系，形成“某某节日 = 某某景区 + 某某活动”的固定强联系。例如，中秋节期间，将中秋节的活动与景区的热门项目相结合，如玻璃廊桥赏月、自拍、抖音视频等活动让景区项目与节事活动更加紧密地结合在一起。

主要节假日和寒暑假，二者结合，就能够占到 135~145 天，占到全年的约 2/5 的天数，全年 2/5 的天数能够让游客及潜在游客强制跟景区及景区项目产生强联系，能够带来非常强烈的标识效果。例如，华侨城深圳欢乐谷常年经营万圣节的“鬼屋”及相关项目的概念，以至于在深圳过万圣节，在很长一段时间内就等于去欢乐谷看鬼屋及相应的游行活动和互动活动，这就成了一个固定的爆品项目。

（四）分类主题 IP 依次引爆

从时间纵线上来说，就需要分主题 IP 的依次引爆，形成了整体 IP 和分主题 IP 后，要注意时间的推进，要一步步推进，一步步引爆。每一次引爆分类 IP，都能够重新制造热点，同时也能够进一步地强化整体 IP，能够带给客群以新鲜感。因此，阶段性地引爆分类 IP 势在必行。

但是分类IP的引爆必须要有相应的时间推进，要一步步操作，不要把分类主题一股脑儿地推出去，因为这样会导致IP的混乱。一股脑儿地把所有的分类IP在短时间内推出去，只有一个后果，那就是造成客群对于景区认知的重新混乱，因此哪一阶段进行什么样的分类IP推进也是一个非常严谨的问题，不仅与客群变化、偏好转变等相关，甚至与国家的消费趋势、舆情变化等相关。例如，长隆动物园进行分类IP引爆时，从前期的老虎到后来的熊猫、考拉等，每一个阶段引爆一种分类IP，使得客群对于长隆动物园总有新鲜感。而诸如考拉IP的选择，则既要考虑这个IP本身的热度，也要看中国与澳大利亚的关系，在中澳关系蜜月期实施，而在中澳关系较为冷淡的时刻，考拉IP相对偏居一隅。

因此，景区在推进分类IP引爆的过程中，也必须要时刻地检测分类IP的接受程度，对于分类IP接受程度不好的，应当适当地提前结束，等待下一次风口，换上一个比较好的分类IP进行引爆。

分类IP的引爆应当是连续的，而且应该是叠加的，以一年为周期的话，如果景区的淡旺季明显，5~10月为旺季、11月~次年4月为淡季的话，如果要进行分类IP引爆的话，一般情况下，前一年的11月开始要进行新项目的确定，11月~次年3月为新项目建设时间。分类IP的引爆一般会选择3、4月进行第一个IP引爆，这时候最火爆的新项目恰恰完成，在清明假前，往往就能够进行一番预热，这样的话，能够迅速变现一部分的客流，而且利用清明、“五一”两个小长假，能够将新品的概念迅速传递给潜在客群，而清明、“五一”的客流又能够很好地对景区进行二次传播，从而增加景区的叠加效应。而在接下来的3~6个月内，选择3~4个分类IP，进行持续不断的跟进宣传，每一个分类IP选择后要配合相应的假期及节事活动，不断地叠加宣传效果，从而达到一个流量叠加，扩大传播的目的。在这3~6个月内，这3~4个分类IP必须时刻监控把握，寻找爆破点，如果发现某些分类IP的接受度不高，应当迅速地进行更换。如果发现某个分类IP的热度持续不减，那么也应当进一步强化这个IP，并且使之产生关联，让这个IP的热度带热其他IP，并且在其他分类IP进行宣传的同时，这个IP也可以同时兼顾。分类IP的引爆，能够持续地叠加人气，能够创造出一浪高过一浪的传播效应，对于网红景区的引爆是一个必经的过程。

短时间内的密集引爆除了内容方面需要注意外，另一个需要注意的重点就是媒体的整合使用。在这个短时间的密集炒作中，要注意媒体的使用，不论是传统媒体还是新媒体，要综合地利用。要注意的是能够成为网红，其实最大的作用就是新生代在新媒体中的迅速讨论与扩散。

但是是否只要新媒体就可以了？其实不然！要能够成为新生代现象级的话题，就必须要有市场预热和内容积累，而这方面，传统媒体及PC端媒体具有较大的优势。传统媒体，诸如当地报纸，也拥有公众号，本身就拥有一大批本地阅读者，能够精准定位到目的地客群，同时传统媒体还代表了权威性，在增强传播内容的有效性、可靠性方面，传统媒体更具效果。PC端的网络营销，则能够在网络上形成比较好的内容沉淀，能够让希望寻找到信息的潜在客群能够迅速地定位到相应的信息，尤其是一些门户网站及论坛等方面的信息推广，能够让内容体系完整地呈现在所需人群中。

新媒体的运用怎么能够在短时间内引起新生代的关注？新生代是目前传播的主导力量，因此新媒体的介入应当迅猛而及时。尤其是在前期炒作中，网红景区要通过大量的可复制可传播的内容进行网络积累，短视频、公众号、推文等都要跟得上进度，另外也要根据本地人群的新媒体使用习惯进行及时的调整。

网红景区在分类IP密集引爆阶段，本地人群对景区的传播及扩散是非常重要的，积极调动本地人群在传播扩散中形成一个个的扩散源，并最终在新媒体传播中形成爆发是非常重要的。因为新媒体中阅读量与转发是两个重要的指标，而一般情况下，每个转发者的微信号的阅读量是10，因此本地如果有1000人转发，则一般会有10000万人阅读，而短视频的阅读量则更大，这种情况下，发酵于本地的新媒体内容，如果本地的传播与转发更大的话，能够实现的阅读量将会实现爆发式地扩张。

在传统媒体、PC端媒体，新媒体的合理运用下，能够实现短时间内密集引爆，为总体的建立网红景区整体IP打下良好的基础，而且随着这一系列的操作，也能够让景区在区域内火爆起来，收获一大波的客流。

三、定鼎营销

网红景区的定鼎营销的目的是什么？就是为了将网红景区的影响力由传统的客群范围向客群范围外的区域扩散。例如，某景区的主要客群是在A市，网红景区营销的目的就是让它的影响力超越A市，覆盖省区，甚至直达全国，只有这样才能够成为一个真正的网红景区。网红景区的定鼎营销的根本目的就是奠定景区在区域或全国的网红景区地位，从而为景区获得更广泛的曝光，赢得更广泛的市场。简而言之，就是确定地位和超越圈层。

网红景区的定鼎营销很难再利用原有的短时间内系列引爆的方式来做，部分本地或地区传统媒体及自媒体的报道已经很难营造这样的效果。实际上定鼎营销需要的是巨大的事件、巨大的活动，将之前的网红景区联系引爆的成果进行一个大升华，这样的升华需要一定的形式加以确定，而这就是定鼎营销的目标。

网红景区的定鼎营销一般通过权威报告或权威发布肯定、高规格会议或活动确认、高层次广泛性的媒体引爆和密集后期发力传播实现，这四个方面一般而言应当综合运用，效果才会最佳，单一运用的效果往往难以实现。

（一）权威报告或权威发布肯定

通过权威性机构的权威性报告，利用权威性机构的相应的数据在全国范围内印证该景区的网红属性，因为网红景区在爆红阶段往往是依赖于自媒体的传播，而自媒体往往被认为是一种非权威的传播方式，也就是人们印象中的"不入流"，而传播的主体在也新生代之间，因此要将网红景区从"不入流"转入到"入流"，从新生代群体到广泛的受众，需要借助权威报告或权威发布予以肯定，这种形式也是让"不入流"的现象进入大众眼中的最基本的方式。

以2018年的网红景区为例，洪崖洞的爆红得益于去哪儿发布的《"五一"出行预测报告（2018年）》，去哪儿这一在线平台本身的规模，以及这几年在旅游出行方面大数据报告建立起来的信任，使得报告具有很大的权威性，这一报告具备了广泛的传播性及权威性。在此报告中，对洪崖洞景区的爆红性质进行了充分的肯定，而且将其预测为全国最火爆景区第二位，第一位为故宫景区，又很好地借用了权威景区"上位"，使得洪崖洞景区很好地实现了从新生代群体交流向公众视野的变化。

权威报告或权威性发布一定要有相当的研究基础，发布机构也要有一定的权威性，要有能够超越小圈层的力量，报告要有相应的数据基础，要有严谨的数据网络结构及研究脉络，是权威机构下的严谨研究报告，报告要相对客观、公正。只有这样才能让数据经得起推敲，也才能打消人们的顾虑，让人们能够本能地相信报告本身。

（二）高规格会议或活动确认

与权威报告或权威发布相配合的就是高规格会议或高规格活动的举办，通过这些高规格的会议或活动，能够广泛地邀请到业内同行及外业人员，加上媒体、政府、相关组织，能够让网红景区之前的所有引爆在此情况下推至高潮。

高规格的会议或活动中，同行云集事实上是在见证和参与网红景区全国性定位的确立，是网红景区在旅游行业中跨越自身的地区限制，受到全国性的同行的了解、熟悉与认可的过程。同行的了解、知道，能够在很大范围内促进知名度的提升，能够让景区由区域内品牌成为全国性品牌。同时高规格会议或活动举办过程中的权威报告或权威发布，事实上又是在向同行宣布自身网红地位的确立，同行事实上参与和见证了这一过程，是传播扩展的关键性步骤。

高规格会议或活动中的媒体参与，起到了很好的同业地位建立的作用，同时这类活动必然是各类媒体云集的一个场合，短时间内媒体的高频报告，必然会将传播效果推至一个新的高度。这部分内容在高层次广泛性报道中具体阐述。

政府及相关组织的参与，实际上是网红景区由民间走向官方的重要步骤，在第一阶段和第二阶段的网红景区引爆过程中实际上政府和相关组织的参与较少，许多的行为还属于企业自身的经营行为，而在定鼎营销中，政府和相关组织的积极参会及行业的肯定，一方面使得网红景区进入官方眼中，另一方面由于官方有着非常强大的权威宣传路径，这样又能够免费获取官方的曝光资源，还能够在官方将自己的定位确定下来，未来有政策及资源的倾斜，可谓一举多得。

外来人员的参与，尤其是流量网红、大 V 等的参与，以及游客代表及外部人群的参与，能够最大限度地带来流量的暴增，能够迅速将网红景区的影响力由原本的潜在客群向更广泛的范围传播，能够迅速地使网红景区跨越圈层，由本地向全国、由已知向未知进行圈层跨越。

高规格活动的举办还能够迅速带动该活动的所在群体迅速升温，并关注该网红景区，如阿拉善越野 e 族英雄大会，迅速将爱车一族的视线拉向阿拉善越野主题公园，可以说迅速地聚拢了大量铁粉。

因此，高规格会议及活动的举办能够使得网红景区的地位在全国确定下来，而且通过这种会议或活动，能够迅速地超越原有的传播圈层，形成在更大范围的引爆效果。

（三）高层次广泛性的媒体引爆

伴随权威报告及权威发布、高规格会议或活动的举办，高层次广泛性的媒体引爆是必需的一环，这项工作对于从媒体层面确定地位，以及利用媒体传播跨越圈层来说是至关重要的。这项工作包括两部分：一是高层次媒体的定性及传播；二是广泛性媒体的持续助推。

高层次媒体的报道是重要环节，虽然这一重要环节已成常态，许多的会议及活动都会邀请行业重要媒体、省级媒体、国家级媒体参与，但是流于泛泛的形式已经使得这些媒体的报告成了一个会议记录，类似“某省某市某地举行某活动，反响强烈”，这种效果往往一般。真正的高层次媒体报道是需要事先对应政策、对应国家形势给出的一份能够在业内、在国家层面都有着探索意义或总结意义的专题总结，而且是高层次媒体的一系列专题解读。例如，目前“三边三区”的扶贫成为热点后，抖音在“三边三区”做的媒体扶贫，经由中央媒体报道后就引起了巨大反响，抖音年度扶贫报告的活动所在地香格里拉景区也再次成为热点被引爆。因此，高层次媒体的高水平报道、紧贴政策的有力引爆是极其重要的奠定地位的一环。一些系列高层次媒体的系统性报道，从各个层面的有力解读，能够将景区的地位迅速提升，并有机会得到更高层次的关注。同时这也是景区与高层次媒体的重要接洽机会，能够为景区后续的继续引爆带来重要的传播渠道。

广泛性的媒体持续助推也是定鼎营销的重要构成部分，如果说高层次媒体的报道能够在奠定地位方面起到不可替代的作用的话，广泛性的媒体报道就能够在超越圈层方面有着巨大的作用。

首先，在权威报告及权威发布、高规格会议或活动举办的前期，广泛性的媒体造势就应该率先进行，前期的预热工作可以从分类IP的效果总结、受众的真实评测、系列活动的引爆效果等诸多主题进行热度的炒作。另外，也要配合权威机构及会议与活动举办机构来对未来要发布的内容进行前期的权威确定，让大家知道这个将要出炉的是权威性的东西，才能够让后面的报告及会议活动取得最好的效果。

其次，在权威报告或权威发布过程中的跟进报道，尤其是跟进网红景区的整体性IP与分类IP是如何设定的，取得了多么好的效果，这些精巧的构思是如何一步步传递给受众的、大家的具体感受等。广泛性的媒体持续助推不限于传统媒体，更多地可以利用新媒体的参与，也不限于报道，还可以更多地进行一部分的学术或半学术性的解读，这样才能在理论高度上形成一定的热度，同时也能够让相关的信息穿越目前的圈层，从而实现跨圈层的传播。广泛的媒体传播一定要注意自媒体的使用，自媒体的传播往往能够带来更多的流量与关注，能够形成所谓的流量叠加。

高层次的媒体传播与广泛性的媒体持续助推是相辅相成的，高层次媒体在上层形成舆论导向，广泛性的媒体持续推进在下层形成良好对接，这样才能够让网红景区的定鼎传播高低都有着落，广泛传播能够进一步吸引高层注意，而高层注意也会引导广泛传播更大力度地推进，使得传播效应叠加起来。

通过前三项的合力，往往能够在短时间内造就巨大的流量，形成有影响力的关注，达到一个网红景区打造的流量高峰。

（四）密集后期发力传播

密集后期发力传播是指通过前三项奠定了网红景区在同业、在区域在全国的地位后，要能够利用已经形成的网红传播的高峰，迅速及时地将关注高峰回落稳住，而不至于使它们呈现昙花一现的效果。

前三项活动过后，由于确定了网红景区的地位，在10~20天内还需要跟进传播效果，止住回落趋势，并且让热度继续保持一段时间。所以密集后期发力传播就显得非常重要了。

由于资金往往有限，密集后期发力传播的内容与力度往往会有所下降，那么如何做呢？往往是要总结模式，推出精练IP，传播政府及高层需要的内容，从而在舆论传播的高地上占得发言权。因此这一阶段配合高层次媒体会有一定的会议活动及权威发布的数据解读，一定要有深度的报告出来，要有内容型的总结，要有能够解决国家或社会痛点的模式出现，这样才能够在高水平的传播上占据舆论阵地，让国家或社会在这些情形下能够想到的就是此次传播的网红景区，这时候其实是模式跟进，跳出网红景区做景区了。广泛性的传播也要选择相应的媒体进行跟进，实现当红流量的即时转化。这一方面的努力现在做得比较少，事实上这是比较重要的，是积极利用网红效应扩大传播人群转化为游客的重要方式。

网红景区的定鼎营销从权威报告权威发布、结合高规格会议与活动，再利用高层次媒体及广泛性报道推进能够实现在前期持续引爆的基础上，让景区彻底引爆，而密集后期发力传播，又能够及时地将这种引爆效应转化为现实效益及未来发展的政府资源、媒体资源，是网红景区打造过程中最关键的一环。

四、后续推进及新的周期考量

一般而言，景区从前一年的10月开始进行新项目引入，到次年的3月左右完成项目建设，3月、4月开始进行初步预热引爆利用，5~10月持续引爆，8月、10月或12月进行定鼎营销，后面是持续地跟进营销及转化，实际上网红景区的一轮操作周期就已经结束了。

在一轮操作周期结束后，就需要开启新的一轮持续营销方案了。由于第一轮的操作，必然会带来知名度的大幅度提升，同时也肯定会反映出巨大的问题，也加上新的项目肯定不如第一轮的投入大，因此如何利用已有的网红效应，并制造新的热点就是第二轮操作的重点了。这时候，前期积累的政府资源、媒体资源的运用，组合拳的使用就需要更加精准到位。前一轮操作时确定的分类IP需要进行反思，优秀的可以进一步加强，热度不够或过时的需要进行更换，整体性的IP内容与IP的衍生创新需要思考。推进新一轮网红景区的发展，脱胎于网红景区，巩固热点非常有必要。

新的周期中，由于前一轮的操作使得景区已经实现了地位的奠定，以及固有客群圈层的超越，那么在固定已有客群的基础上，新的市场定位，新的市场的营销开拓就非常有必要了。例如，原本的市场主要是在A区域，经过网红景区系统引爆后，成功地奠定了地位，可以将B区域、C区域纳入市场范围后，及时地利用已经形成的热度，在B、C两个区域进行重点布局。

新的周期中，也将面对新的客群，同时网红景区的光环开始消退，人们会对景区的实质活动实质内容更加挑剔，在运营上需要更大的提升来满足新的需求、应对新的情况，这些是网红景区第二轮操作的重点。

结语

网红景区的营造是一个系统性的操作，是以年为单位的景区营销的精准实操，不仅要把握网红景区的传播规律，还要整合自身的所有资源，综合利用内外部的所有助力，时刻保持敏锐感，在每一个传播的关键节点做对关键事情，才能够营造出引发轰动并持续传播的网红景区。

第七节　网红技术测定：如何判断城市形象？以湖州与温州为例

在大数据时代，旅游的管理尤其要注意自己的营销推广是否达到了相应的效果，自己的花费是否取得了相应的效果，这一点对于旅游管理部门非常重要。但是由于营销推广总是先行，而效应的展现却总是滞后，那么如何在推广过程中就知道自己的推广效果如何，自己的钱有没有达到相应的目标？这是一门大的学问，在大数据的时代，这些都可以及时监控，但是诚实而可靠的大数据运营商凤毛麟角，诸如腾讯、阿里这样有着足够数据量基础的大数据运营商对于数据分析的收费也往往不菲。那么是否有简单的方法能够获知推广效果的同时，花费几近于零呢？答案是肯定的！

基于基本的旅游传播学原理，人们在进行真实旅游以前，事先会通过搜索获得相应的信息，在搜索转化为真实的旅游间，是存在一个滞后关系的，并且也存在一个转化率的。一般搜索多的景区，最终游客到达成行的也比较多。因此，可以利用搜索指数来测定景区的火热程度，进而搜索可以判断未来的游客到访量。利用百度搜索指数的相关指标有效地进行解读，就可以对城市形象进行分析，尤其对城市旅游的发展有着借鉴作用。本书以湖州和温州这两个地级市来进行城市形象的比较，一个是近年来搜索热度增加的，一个是形象较为稳定的，我们可以从二者的搜索比较中，发现一些形象变化的特征与规律。

一、百度搜索的整体趋势

（一）整体概况：湖州热度持续增加、温州搜索热度持续下降

从百度搜索的整体趋势可以看出，整体来看温州自 2012 年以来的百度搜索热度比较稳定，搜索指数维持在 3800 以上，在 4000~7000 波动。但是从 2017 年 9 月以来，温州的整体搜索热度在下降，一度降至 3600 左右。而湖州则是前期较为平稳，在 2014 年 8 月前，湖州的搜索指数一直维持在 2000 上下，

但是自2014年8月后，湖州的百度搜索指数开始稳步上升。到2018年8月后，湖州的搜索指数甚至开始超越温州，在3000~5000波动，说明湖州逐渐被全国人民所关注，并且热度逐步上升，而温州的热度在逐步下降（见图3-5）。

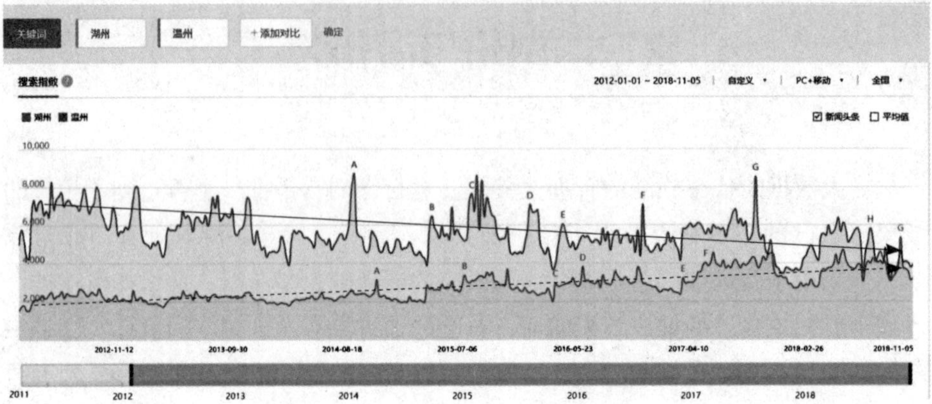

图3-5 湖州与温州百度搜索整体趋势变化

（来源：结合百度搜索指数自绘）

（二）温州在PC端搜索呈崩塌式下跌

那么造成湖州和温州搜索升降的原因是什么？我们可以回到PC端和移动端两方面比较。PC端主要是电脑搜索，目前使用PC端搜索的主要人群是35岁以上人群及事业单位人员。如果以PC端为主，说明搜索人群年龄偏老，同时PC端的搜索以网页为主，这些是传统媒体的阵地。而移动端则是35岁以下人群使用较多，使用PC端的人群多，说明搜索人群的年龄比较年轻，PC端的搜索包含很多的自媒体报道。

对比湖州和温州的PC端与移动端可以看出，温州的搜索大幅度下降是来自于PC端的搜索在大幅度下降，而这说明温州从2012年在传统媒体、PC端宣传达到峰值后，温州在传统媒体及PC端的搜索热度急剧下降，从百度搜索指数平均6000直降到2018年的1000左右，与湖州持平。可以说，温州过去6年在PC端的影响直线下降，而且这个下降直接导致了温州在整个搜索上的下降趋势。这个现象可以说是非常不正常的，即使PC端搜索在整个国民经济中的影响力在下降，但是类似温州这样崩塌式下降的很少。与之相比的就是湖州，PC端的搜索有所下降，但是下降并不十分明显（见图3-6）。从PC端搜索情况可以发现，温州在过去 6 年，传统媒体及 35 岁人群的影响力急剧下降。

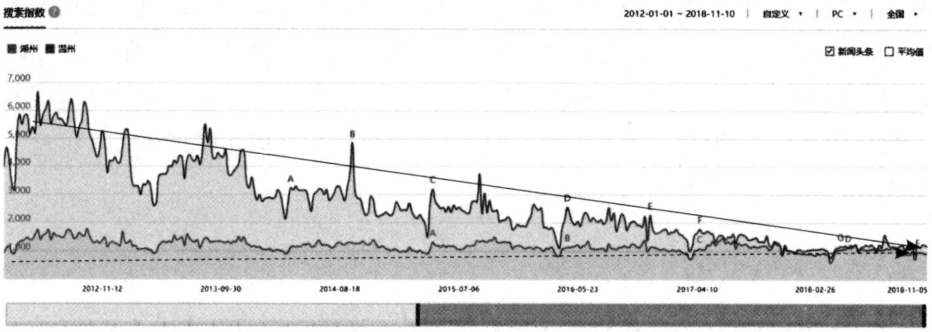

图 3–6　湖州与温州百度搜索 PC 端变化趋势

（来源：结合百度搜索指数自绘）

（三）温州移动端发力起伏巨大、湖州稳中有升

而在体现新媒体搜索及年轻客群用户搜索的移动端方面，可以看到温州和湖州在 2013 年后都受到了智能手机时代的影响，二者都普遍升高了。但从增长幅度来看，温州在移动端的发力起伏巨大，从 2013 年的移动搜索指数 2000 左右，一度升至 4000 左右，而 2017 年 10—12 月、2018 年 10 月以来，又回落到 2200 左右，可以说起伏巨大。而湖州的移动端搜索却是在稳步上升的，从 2012 年 2000 左右升至 2018 年 4000 左右，可以说移动端搜索是稳步上升的（见图 3–7）。

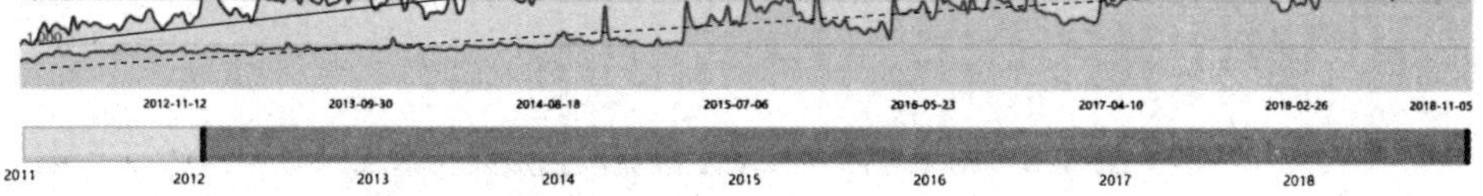

图 3–7　湖州与温州百度搜索移动端变化趋势

（来源：结合百度搜索指数自绘）

因此，温州在 PC 端搜索大幅下跌的情况下，并没有在移动端较大发力，导致了自己两方面的搜索都受到连累，无论是整个城市的形象，还是在年轻人群、在一定年纪人群中的形象都受到了巨大的连累，开始呈现“老旧”形象的趋势。而湖州在 PC 端搜索平稳的情况下，其移动端搜索稳步上升，带动了湖州的形象发展，使得湖州城市形象呈现上升趋势，并迅速在城市认知上拉近了与温州的距离。

二、资讯指数与媒体指数

（一）温州资讯指数暴增与政府宣传相关，湖州资讯指数暴增与旅游相关

资讯指数以百度智能分发和推荐内容数据为基础，将网民的阅读、评论、转发、点赞、不喜欢等行为的数量加权求和、指数化处理后得出，全面衡量网民对智能分发和推荐内容的被动关注程度。资讯指数连同搜索指数形成完美闭环，从被动到主动、从信息触达到主动搜索，用“主动搜索 + 内容关注”来表达和诠释网民对某一话题的关注程度。

资讯指数仅有一年多的数据，从图 3–8 可以看出，自 2018 年 6 月以来，温州在资讯指数方面开始高潮迭起，尤其是在 7 月上旬、8 月下旬、9 月上旬掀起了一场资讯小热潮，说明网民的 6 月与 8 月底的阅读转发量增大，这与这段时间的多次宣传热点也是契合的，这一点在后面描述。温州资讯指数高峰出现在这两个时段，说明并非由旅游引起，而是政府宣传或大型活动引发的。

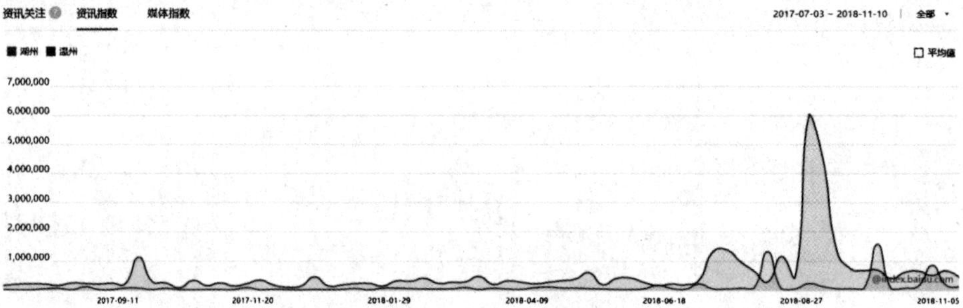

图 3–8 湖州与温州百度搜索资讯指数变化情况

（来源：百度搜索指数）

而湖州的资讯指数则一直比较平稳，两个高峰出现在 7 月下旬 8 月初及 9

月下旬 10 月初，这是与湖州旅游的热点时期相对应的，因此，可以判断湖州资讯的暴增是与它的旅游及“两山”推广有关的。

（二）温州的媒体指数达到湖州的 4 倍

媒体指数是以各大互联网媒体报道的新闻中，与关键词相关的，被百度新闻频道收录的数量，采用新闻标题包含关键词的统计标准。媒体值 1–N，是指某天内发布的新闻，与下方出现的新闻报道出现的通稿，在媒体指数新闻头条数量值。

由图 3–9 可以看出，温州的媒体指数平均达 117，可以说媒体的努力程度非常高，而湖州的仅有 33，而且一直增长有限。

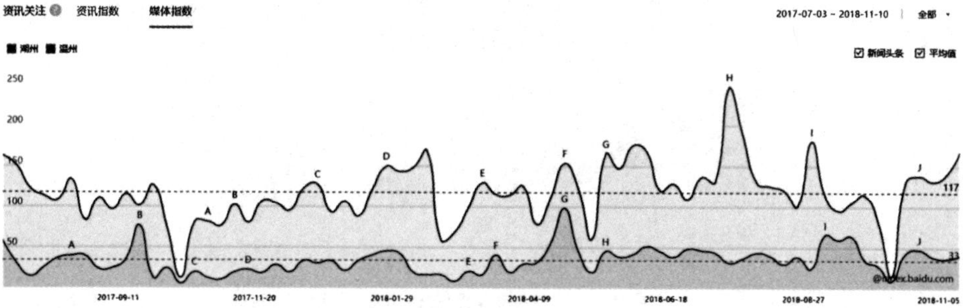

图 3–9　湖州与温州百度搜索媒体指数变化趋势

（来源：百度搜索指数）

为什么温州在媒体指数超湖州 4 倍的情况下，最终它的搜索效果与湖州相近？这个问题就值得深思了。这应当与宣传内容的受欢迎程度有关，承上所说，湖州的宣传在旅游、“两山”方面受众广、易转发。温州多数在先进制造业、工贸发展方面，受众相对狭小，且影响会小一些。这部分的推测，还可以在下面的需求图谱与人群分析中得到验证。

三、需求图谱凸显搜索热词

第一，双方在需求分布方面的差异不大，教育民生成搜索热点。

需求分布是综合计算关键词与相关词的相关程度，以及相关词自身的搜索需求大小得出的。相关词距圆心的距离表示相关词相关性强度；相关词自身大小表示相关词自身搜索指数大小。需求分布是按周进行，可以查到每周的热点词汇，做舆情分析可以每周逐步分析来反映相关的变化。

总体来说，温州、湖州的需求图谱都集中在教育、民生领域，两地的大学、招考、教育等都是热点搜索词汇。具体到阶段不同，大家关注的也不同。例如，集中到9月24至30日这一阶段，可以看到湖州的热点词汇方面，湖州旅游开始呈现增长趋势，而温州则没有旅游方面的搜索，说明温州在旅游方面的热度确实远远不如湖州（见图3-10和图3-11）。

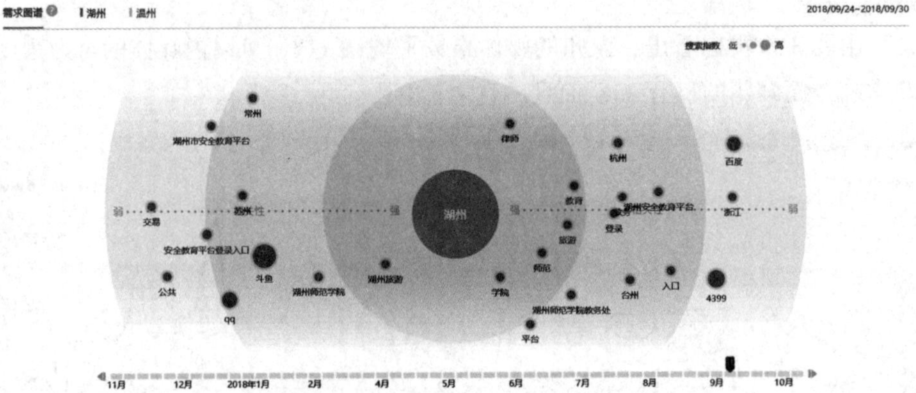

图3-10　湖州百度搜索需求图谱

（来源：百度搜索指数）

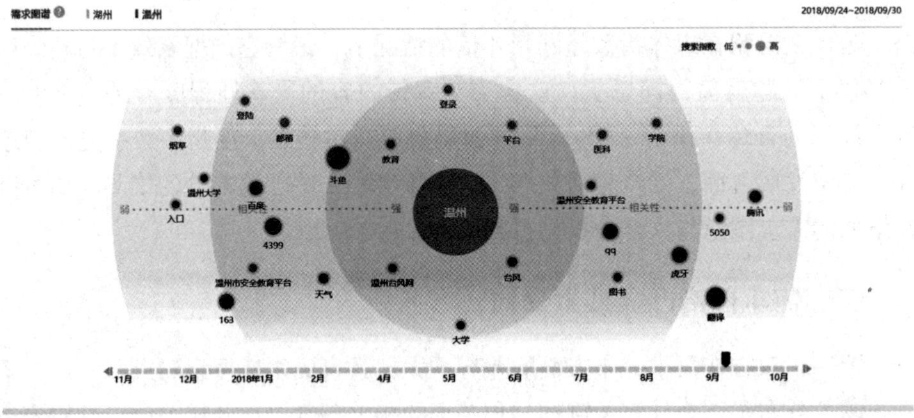

图3-11　温州百度搜索需求图谱

（来源：百度搜索指数）

第二，从搜索热词看，二者来源与去向的搜索词略有不同。

其中来源相关词表示，反映用户在搜索中心词之前还有哪些搜索需求，通过过滤出关键词上一步搜索行为来源的相关词，按相关程度排序得出。

而去向相关词表示，反映用户在搜索中心词之后还有哪些搜索需求，通过过滤出关键词下一步搜索行为来源的相关词，按相关程度排序得出。

在 2018 年 9 月 24 至 30 日的搜索湖州的人群中，是由“律师”“湖州旅游”“学院”“师范”等词搜索，然后关注到湖州的，而其后搜索的主要是“学院”“师范”“旅游”“湖州旅游”。因此这一段时间焦点就在教育和旅游上（见图 3–12）。

图 3–12　湖州 9 月 24~30 日搜索热词

（来源：百度搜索指数）

而温州在这段时间来源搜索词主要为“台风”“温州台风网”“教育”“大学”等，去向相关词主要为“台风”“教育”“平台”“大学”等，可以发现“十一”前夕，大家对温州的旅游基本没有关注，对天气和教育的关注较多（见图 3–13）。

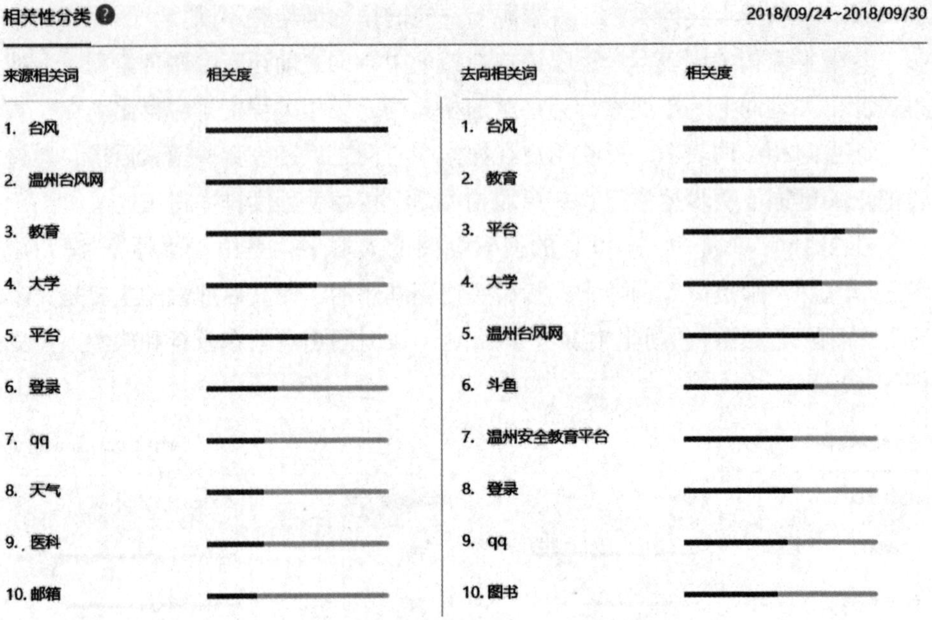

图 3-13 温州 9 月 24~30 日搜索热词

（来源：百度搜索指数）

四、人群画像，一定要关注城市的搜索人群

百度搜索指数中判断城市形象的最后一个比较重要的指标就是人群画像，人群画像能够精准地找到需求群体，对人群分布省份、地域、城市有非常明确的刻画，对人群的年龄结构、性别也有统计，是非常好的城市形象分析指标。

（一）湖州影响力集中于长三角，温州影响力遍及三大都市圈

从搜索地域分布可以看出，可以选择省份、区域与城市进行分析，这里仅列举主要搜索人群城市的分布。对湖州搜索前 10 位的城市是杭州、上海、湖州、北京、苏州、南京、深圳、广州、武汉、郑州，可以发现湖州的影响力集中于长三角的主要大都市及湖州本地，加上北京、广深、武汉郑州等地。

而温州的影响力则更多广泛，温州本地外，首先是杭州、上海、宁波、苏州，然后是京津冀的北京，接下来是珠三角的深圳、广州，最后还有成都、武汉等地。总体而言，相较于湖州，温州因为温州模式，被三大都市圈及后来的新兴城市所广泛提及。

（二）湖州的搜索人群更显年轻，温州人群更趋传统

从搜索人群特征来看，自 2018 年 1 月以来，湖州与温州的搜索显示，搜索湖州的 40 岁以下人群占比 61%，30 岁以下人群为 14%。而搜索温州的 40 岁以下人群为 53%，30 岁以下人群为 11%。明显可以发现，搜索温州的人群年龄较高，也说明了温州目前在年轻人中的搜索力度不大，很容易造成温州的形象出现老化。

从搜索人群的性别来看，搜索湖州的男女性别比例更加接近，比例为 59∶41。而搜索温州的男女性别比悬殊较大，比例为 63∶37（见图 3–14）。一般而言，男女搜索越均衡，搜索越广泛。年轻人及女性搜索越多的城市，城市形象越更趋年轻化；反之，城市形象偏于老化，需要重新营销推广。

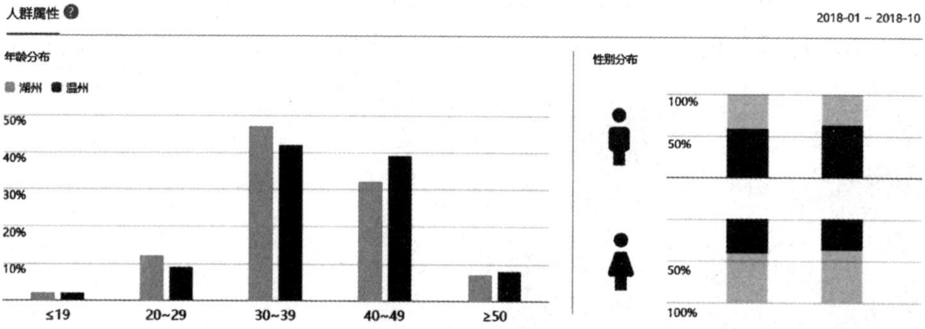

图 3–14　湖州与温州搜索人群的年龄属性及性别属性

（来源：百度搜索指数）

结语

通过百度搜索可以即时地了解所在城市的形象、目前的搜索趋势及预测未来的发展变化。了解目前搜索的热点，知道不同搜索人群的区域与年龄，能够为城市形象营销做出精准的判断。就湖州与温州而言，可以明显地看到湖州的城市形象较为年轻化，而温州逐渐老化。搜索趋势上，温州出现崩塌式的下跌，湖州已经慢慢追上温州，在未来的城市营销中，温州应当找准问题，及时扭转目前城市形象老化问题，吸引年轻人与女性群体，继续引领城市发展新形象。

第八节 城市热力图与网红 IP 定量测定

百度搜索可以推测网红景区或网红城市的搜索热度，进而进行推算。而城市热力图则可以显示即时的旅游者分布情况，有助于当天的网红景区管理运营。

热力图就是以特殊高亮的形式显示访客热衷的页面区域和访客所在的地理区域的图示。城市热力图就是指由地图公司推出的人群在城市不同区域聚集或扩散而形成的亮度不一的地理区域图示。人群越密集的区域颜色越高亮，人群越稀疏的区域，颜色越浅，甚至几近于无。百度地图、高德地图、微信城市热点都推出了类似的功能，从本质来说，都能够反映相应区域的城市热力。在实践中，由于各家公司对于数据开放的程度不同，显示出来的精密度等各有不同。

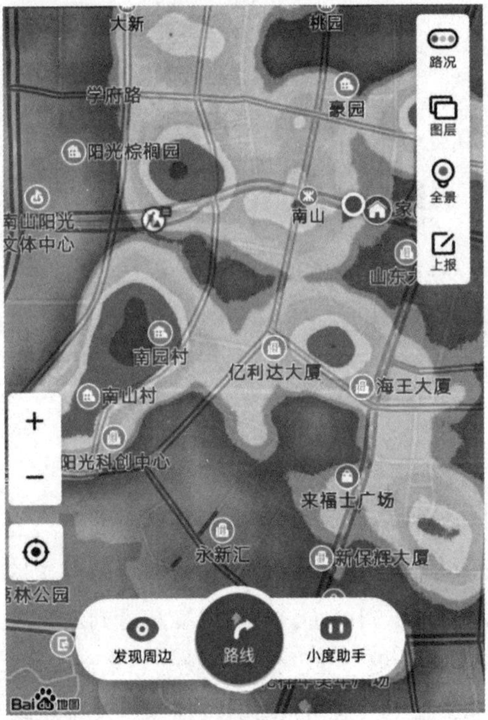

图 3–15 深圳南山中心区附近热力图

（来源：百度热力图作者截图）

图 3–15 即为一张百度地图城市热力图，可以看到颜色越深的区域是人群越密集的区域，而颜色越浅甚至出现透明的区域（左下角公园区域）为人群越稀少的区域。

一般而言，现在使用得较多的是微信的城市热力图，打开“微信→我的→钱包→城市服务→城市热力图”就可以得到城市热力图，并对城市热力图进行分析。与百度地图热力图相比，微信使用人群更加广泛，因此微信的城市热力图在反映真实数据方面效果会更好一些。例如，图 3–16 为 2018 年 11 月 23 日 11 点 12 分华强北地区的城市热力图，可以明显看到，此时华强北片区的人群聚集情况，其中大都会广场、赛格大厦形成了两个明显的人群聚集高亮区域，而且整个人群呈现出向华强北步行街两侧集聚的态势，形成了都会电子城与赛格电子城为核心的两处聚集地。

从上文可以看出，在城市区域或者景区中，城市热力图有如下作用。

第一，能够反映即时的人群聚集状况，有利于景区管理者对游客的人流分布状况进行及时的跟进及管理。

如果将华强北视为一个休闲购物地的话，可以截取不同时段的城市热力图对华强北的客流分布进行研判。由 2018 年 11 月 23 日 11 点、18 点、21 点左右截取的城市热力图可以发现（见图 3–17），华强北的工作日、白天与夜晚的人群分布完全不一样。其中白天的人群聚集主要在两个主要的电子交易广场附近，而它的其他商业业态，如茂业百货、女人世界、九方购物中心等休闲购物场所的人群集聚并不如意。到了夜间，电子广场关闭，华强北步行街的人群聚集并不如人意，茂业、女人世界等人群与白天相仿，而九方购物中心却出现了人群集聚，说明华强北的购物中心已经由华强北商业街转移至九方购物中心。这也从一个侧面说明华强北步行街的商业改造是失败的，不仅没有聚拢人气，反而让购物聚集的能力下降。

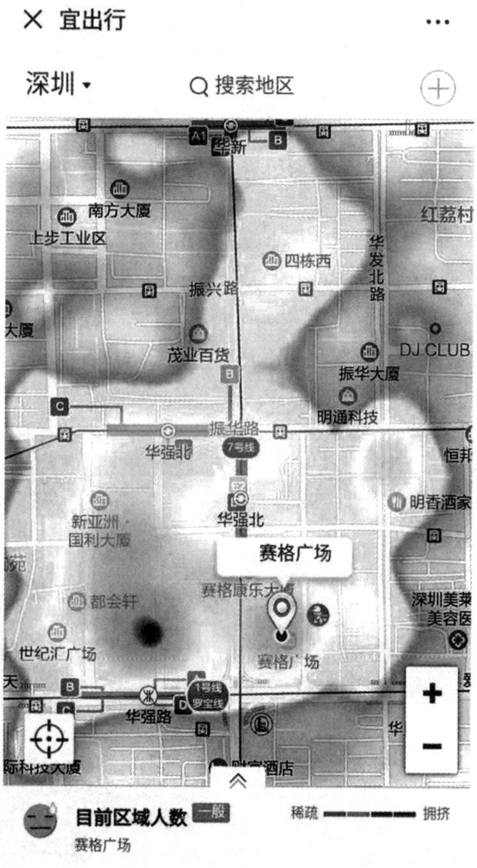

图 3–16　微信城市热力图华强北附近情况

（来源：微信热力图作者截图）

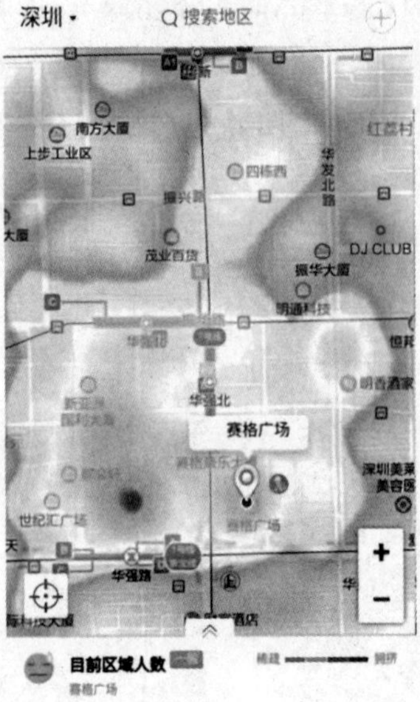

（a）11 点

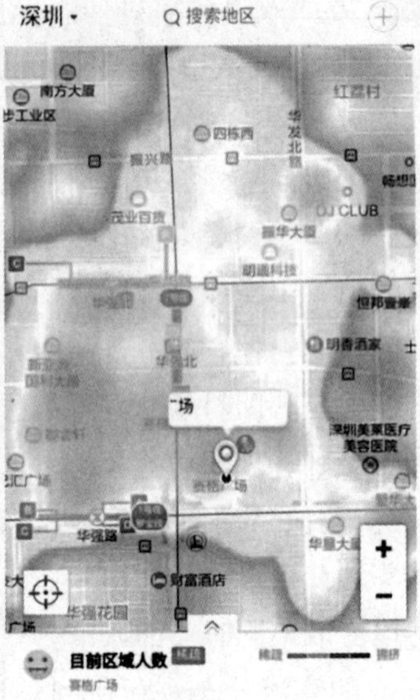

（b）18 点

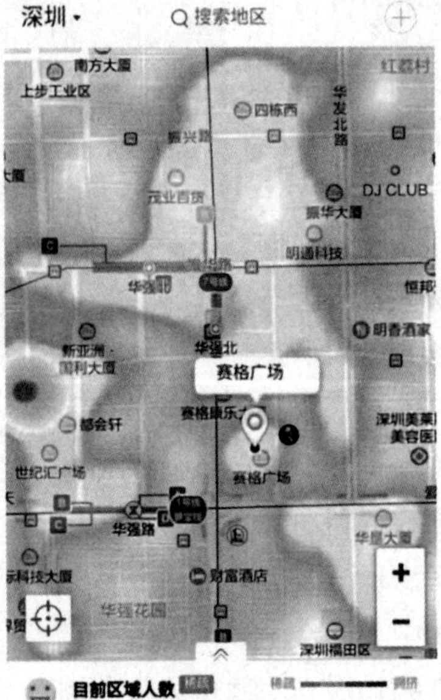

（c）21 点

图 3-17　华强北 2018 年 11 月 23 日不同时段城市热力图

（来源：百度热力图作者截图）

以上是工作日华强北利用人群的热力聚集图，可以及时地监控景区的游客动态，有利于人群的管控，对于景点景区的重点区域，如重要的景点、餐饮、活动现场等的人流量及后续的人流流入情况做出预测与判断，能够及时把握相关情况，并及时对周边进行疏解，从而达到有效地控制人流量，使得人流量不过于集中，防止产生踩踏或者其他安全事故。结合电子指引或智慧景区系统等，也能将人流量有效地疏解到较为宽阔区域。

这一用法在景点景区举办大型活动或者促销时，尤其需要注意使用，要留意是否有大量人流涌入。大型活动时要时刻监测人流在哪些地方聚集、如何移动，应及时预判，从而加强管控。

第二，能够分析景区的主要聚集变化，从而有效地组织景区管理力量跟进引导。

景区及城市根据不同季节不同时段，如工作日、周末、小长假、大长假不同时间、不同时段的城市热力图，就可以把握景点景区在不同季节、不同时段及不同时间段的游客流动及消费规律，能够对游客在景区内的流动规律进行全面把握，在此基础上就能够有效地组织景区管理量进行跟进改善。

（1）景区可以根据游客流动规律，考虑引入二次消费或相应的活动。如果发现，餐饮的瞬间聚集非常大，就可以考虑在多处分流，形成餐饮二消增值。在一些花海景区中，可以观察游客的流动规律，如果瞬间的聚集足够大，就可以考虑另辟无轨小火车及观赏道路，引导分流观赏，同时增加相应的交通收入。

（2）通过一定的景区营销及项目引流手段可以将流量从密集区引向非密集区。例如，在新开发的拓展区，往往人气不足，是明显的非密集区，通过增加互动性的活动或者增加相应的表演，可以有效地将人流向这些区域引导。

第三，能够及时地跟进评估景区项目，进行景区项目升级。

景区内的项目众多，项目的性质也各有不同，有一些项目是受欢迎但不盈利的，有一些是既受欢迎又盈利的，也有不受欢迎不盈利的项目，而景区逐渐淘汰或升级这些项目，是非常有必要的，通过热力图能够发现哪些项目、哪些区域已经不再受到游客的青睐，从而有效地进行项目升级。

第四，能够测试新项目或新 IP 的接受情况，对于网红景区打造意义重大。

景区会定期地进行新项目的上马，或者对原有项目进行包装，推出新 IP，步行街或购物商圈也不断有新的营销亮点出现，那么这些新项目、新 IP、新亮点是否会受到游客的喜欢？一方面可以利用爬虫软件从美团、大众点评、知乎、微信等媒体平台进行数据抓取了解，也可以通过问卷形式对受众进行调研了解，而在本书中，也可以通过城市热力图进行判断，那就是截取区域不同时段的热力图，判断人群的聚集情况，并与其他区域进行比较。

首先，比较热点区域是否迁移。如果新项目、新 IP 备受欢迎，一个景区的热点会发生迁移，关注热点的迁移情况，看热点是否迁移到了新项目、新 IP 所在区域，如果有，说明效果较为明显，就要比较这个热点的发展动态，是越来越密集还是只有头几天密集。如果没有，说明新项目、新 IP 的效果较差，就要反思是项目本身原因还是营销手段或运营方法的问题了。

其次，要比较热点区域的聚集程度。如果新项目、新 IP 备受欢迎，并形成了高亮热点区域，要将它的高亮程度与其他热点区域相比较，从而可以初步判断这个新的项目或 IP 在整个景区项目体系中的分量，能够为未来管理方面加强或削减人手做出准备。

测试新项目或新 IP 的接受情况，对于网红景区的打造来说是至关重要的，网红景区要么通过媒体营销手段，要么通过网红项目带动，但它们的效果如何，还需要通过这些手段加以定量控制及预测。通过找出相应的 IP 点或项目点，就可以测试在预定时段内进行监测，结合爬虫技术及营销数据，就可以定量地测出网红景区的引爆情况了。

结语

巧妙地利用城市热力图，可以低成本地实现网红 IP 的定量测算，景区可以利用这个小工具对网红景区打造的实际效果进行实时监控，针对可能出现的突发情况，做出快速反应，在网红景区的营造中，景区管理者应当掌握这一技术。

第四章

网红项目引爆：应用场景与测算

第一节　玻璃（廊）桥的应用、测算与趋势

网红景区也需要有可以依托的项目作为“红”的基础，本书的第四章将陆续介绍一些网红项目，对它们的引流 / 分流、流量转化、投资成本与回报、投资风险与收益、进入机会与威胁等某一方面或多方面进行分析，力图解析这些网红项目的实际操作，让旅游规划和景区运营者能够从中获取有益信息。

本节作为介绍网红项目的第一篇，我们将首先介绍近三年来最为红火的项目——玻璃（廊）桥，主要介绍玻璃（廊）桥的测算及其趋势。

在玻璃（廊）桥火爆之前，国内也有一些高空观景台或玻璃观景项目，也在景区范围或区域内形成了一定的影响，但终究没有成为引爆全国的风潮，如东部华侨城早在 2009 年就已修成玻璃观景平台，虽然人潮如织，却没能大范围地影响到全国。

国内的玻璃（廊）桥在这之后陆续都有建设，但是真正引起轰动的是张家界修建的大峡谷玻璃桥，当时玻璃（廊）桥还处于争议阶段，张家界当时的文案引爆可谓轰动一时，BBC 记者在现场抡起大锤砸玻璃、汽车驶过玻璃（廊）桥安稳无事的两个重大反差事件衬托了玻璃（廊）桥的安全性，使得张家界玻璃（廊）桥一炮而红，不仅在张家界红，而是实实在在地带动了玻璃（廊）桥产业在全国的红红火火。

玻璃（廊）桥时下的分类已经无须更多的介绍，读者可以在网上搜集相关的资料，玻璃（廊）桥的安全性，也经过了运营机构多年的验证，已被证实了。而本节要谈的就是作为一个网红项目，玻璃（廊）桥的应用场景、基本测算和未来趋势，也就是如何用、是否合算及未来如何发展的问题。

一、玻璃（廊）桥的应用场景

尽管玻璃（廊）桥是网红项目，许多人也都是冲着玻璃（廊）桥本身的名称而来的，但是其应用场景也是有着相应的限制的，其中最关键的就是突出

“险”，其次为展现“美”，如果二者能够结合就能够创造出效果极佳的项目，如果只能突出其中一项的话，突出“险”比展现“美”更重要。如果在设定场景中二者都不能体现，那就要考虑趁着热度尽快收回投资，获取更多回报了，当成短期项目进行运作了。

（一）突出“险”

山岳景观多数层峦叠嶂，但多数山岳景观很难达到鬼斧神工的境地，在常规的视角下，借助一般登山道就能感受到大自然造物神奇的山岳类景区，在数千年的人类历史中要么早已脱颖而出，要么就是以现有人力条件很难达到的区域，事实上绝大多数的山岳类景区风景平淡。这种情况下，借助玻璃（廊）桥能够人为制造惊险，让平淡的景观增添刺激性，只需要在一定的高度上（超过20米即可），进行玻璃（廊）桥的建设，就能够产生巨大的惊险感与刺激感，让平淡的山岳型景观产生不一样的体验。例如，狼牙山登上山顶远望前方，不过是河北山区寻常之景，建成玻璃（廊）桥观景台后，惊险刺激感骤然上升，为这座平淡的景区平添巨大吸引力（见图 4–1）。

图 4–1　狼牙山平淡的山岳景观与刺激的玻璃廊桥场景

（来源：视觉中国）

同样的情形也存在于水体景观中，许多水体景观在平视时很难展现出它的波涛汹涌，这时候借助一定的高度及玻璃（廊）桥的 3D 效果就能够呈现出步步惊心的场景，从而使平淡的水体景观展现无穷魅力。例如，黄河在平视就是一滩风平浪静的黄色水面，实在难言刺激或美丽，黄河玻璃廊桥的 3D 效果出来后，就变成了精彩刺激的景点了（见图 4–2）。

如果再加上声效效果及视觉特效，这种惊险刺激程度将进一步提升，更加能够吸引到新生代旅游者。

（二）展现“美”

在某些固定场景下，通过玻璃（廊）桥能够展现出一般观景时所不能体现的景观，对于山岳旅游而言，在悬崖绝壁架设玻璃（廊）桥能够展现出不同的风景，一方面是足够惊险刺激的绝壁美景，一方面是气候变化（如云雾缭绕）的风景，还可以从绝壁看对面的风景，这些美丽的景观都不是寻常手段能够观赏到的。如果跨越的山谷还具有惊险的峡谷景观，那么这种美将会展示得更加充分（见图 4–3）。

图 4–2　黄河玻璃廊桥 3D 效果下的惊险刺激场景

（来源：视觉中国）

图 4–3　张家界玻璃桥美景

（来源：视觉中国）

水景也是如此，以往水景只能通过岸边的汀步、沿湖桥等进行亲近、观赏，而现在则可以通过玻璃（廊）桥展现水景、湖景（见图 4–4）。

图 4-4 石燕湖玻璃桥美景

（来源：中惠旅官方网站）

花海玻璃（廊）桥、农业景观玻璃（廊）桥也是同样的道理，能通过通透的玻璃看到桥下美丽的景观。

总体而言，山岳类的景区更加适用玻璃（廊）桥，能够更加衬托山体的险峻，并能够展现出多种不同的景观。水景类的使用玻璃（廊）桥主要展现秀美的景观，再加上一定的 3D 效果也能够体现出刺激的一面。但总体而言，在山岳类景区中使用更添惊险刺激，水景类相对更加秀美。而效果方面，山岳类的往往更好。

而在现实中，也会发现很多既非山岳类景观，又非水景类景观，桥底又没有绝美景观，而引入玻璃（廊）桥项目的景区。这是因为玻璃（廊）桥本身为网红项目，且具有3D效果能主动引流，导致某些景区匆忙赶工上马。原则上，这一类的玻璃（廊）桥如果当地较为稀少，可以起到快速投资、快速回本的目的，回本之后要看当地其他景区是否还将引入该类型项目，如果没有，还能持续引流，如果当地其他景区相继引入，则后续的持续引流效果会差一些。但无论是哪一种场景，操作逻辑和测算都必不可少。

二、玻璃（廊）桥的操作逻辑与测算

任何一个项目的上马，景区运营者都必须清晰地知道这个项目的基本操作逻辑及其基本财务测算。玻璃（廊）桥的基本操作逻辑是什么？基本的测算是怎样的？

（一）玻璃（廊）桥的操作逻辑

玻璃（廊）桥就是利用现代的建筑技术，在原本不可能实现步道的悬崖峭壁、高山深谷、河湖沟壑等地形中，建造钢结构的透明玻璃桥（部分还带有3D玻璃特效）。玻璃（廊）桥项目集惊险、刺激、美景于一身，具有强烈的画面感、代入感、新奇感、个性感，自带网红属性，直至2018年仍然是自带引流性质的第一网红项目。

玻璃（廊）桥所带来的画面感、代入感、新奇感、个性感能够强烈地吸引新生代人群，并带动其他年龄段的人群跟风参与体验，其基本的操作逻辑就是本身门票收入和引流转化收入。部分玻璃（廊）桥项目是独立收费的，或以玻璃（廊）桥单独成景收费，从目前的粗略统计来看，除了狼牙山景区玻璃桥单独收费为10元外，一般玻璃（廊）桥单独成景的景区收费多数在40~100元以上。玻璃（廊）桥单独收费或单独建设玻璃（廊）桥的收益也不差，以狼牙山为例，玻璃廊桥的造价不到2000万元，已知目前每年参观玻璃廊桥的人数为200万，即使只卖10元的门票，玻璃廊桥的投入一年就能收回成本，之后都是稳定的盈利项目。部分玻璃（廊）桥收费标准如表4–1所示。

表4–1　部分玻璃（廊）桥收费一览

名称	所在地	玻璃（廊）桥收费	门票
张家界大峡谷玻璃廊桥	湖南张家界	C线（仅玻璃桥）120~130元	B线（含景区及玻璃桥）160元
狼牙山玻璃廊桥	河北保定	10元	70~80元
马仁齐峰玻璃廊桥	安徽芜湖	单独门票85元，含玻璃桥价格145元	
张家界天门山玻璃栈道	湖南张家界	套票240~260元	
古龙峡玻璃大峡谷	广东清远	套票130~200元	

而玻璃（廊）桥巨大的流量不仅仅是自身门票能够盈利，更有利的是带动整个景区的门票经济，同样以狼牙山为例，玻璃（廊）桥10元的门票，而进入狼牙山景区的门票为65元，一年200万人次以上的游客，就意味着1.3亿元的门票收入。因此，有很多景区将玻璃（廊）桥与景区门票捆绑销售，票价在100元以上，仍然有着巨大的利润。

此外，玻璃（廊）桥带来的流量转化为二次消费，玻璃（廊）桥流量还可以转化为景区的餐饮、购物、住宿、娱乐等其他产品消费，这又能增加更多的收入。

因此，玻璃（廊）桥的操作逻辑就是利用网红项目吸引巨大流量，首先流入廊桥本身的门票，然后是景区整体门票，最后是景区的二消收入，流量就是最好的生意。

（二）基本的测算

玻璃（廊）桥从目前来看是否划算呢？到目前为止，已建成的投入与回报还都是不错的。

首先出现井喷的是一炮而红的张家界大峡谷玻璃廊桥，在文案引爆后，张家界方面出于安全考虑，曾将参观人数限制在每天 8000 人，一时之间张家界玻璃廊桥的门票供不应求，开业之初黄牛党曾经将 238 元的门票炒作至 800 元一张，可见行情的火爆。

其他的玻璃（廊）桥也非常火爆，从可见数据来看，2017 年执惠网曾对芜湖马仁奇峰做过相关调研，调研报告显示，报告期内，马仁奇峰共接待游客 12.63 万人次，同比上升 420.69%。2017 年上半年，马仁奇峰实现营收 2994.63 万元，同比增长 325.28%，超过了 2016 年全年的营业收入；净利润 1367.74 万元，同比增长 621.50%。白石山景区也是如此，它于 2014 年 5 月和 2015 年 8 月先后开发了两座玻璃廊桥，其旅游人数的发展对比非常明显，2010 年时，白石山的全年门票收入仅 32 万元，而到 2016 年，这一数字已达 1.5 亿元，是 2010 年收入的 468 倍！其他的资料显示，玻璃桥项目引入后，其游客增长也是非常劲爆的。

但要测算这种项目，还要比较一下玻璃（廊）桥的投入，将投入与产出比较才更具有直观性。玻璃（廊）桥盈利看起来非常震撼，那它的投入是不是高不可攀？从玻璃（廊）桥建设商那里可以得到答案，玻璃（廊）桥工程主要分为岩土、结构和玻璃三部分，按照工程造价来说，基本约合 2 万 ~3 万元 / 米，一段 100 米左右的玻璃（廊）桥造价在 200 万 ~300 万元左右，造价并非高不可攀。在已有的案例中，张家界玻璃廊桥长度约 400 米，当时的玻璃廊桥的造价还比较高，张家界玻璃廊桥的投资约为 3800 万元，当年玻璃廊桥的旅游人数超过 200 万人次，按照门票价格 238 元计算，当年的门票收入就超过 4.7 亿元，再扣掉一些管理费用、营销费用，这项投资也是远超预期的，不仅当年收回投资，而且当年就赚了近 10 倍，而且这个盈利还在持续不断地进行，因此张家界玻璃廊桥目前的状态就是——这完全是一项躺着挣钱的项目。

同样的故事也发生在狼牙山玻璃廊桥，狼牙山玻璃廊桥的造价不到2000万元，2016年狼牙山景区游客人数达到260万人次，多数都会选择前往玻璃廊桥，因此玻璃廊桥基本上年内收回成本，且带动了狼牙山景区的门票收入大增长。2010年狼牙山景区接待游客不足30万人次，2017年狼牙山景区游客达300万人次，旅游综合收入达8亿元。

以2018年的重庆奥陶纪玻璃廊桥来计算，也是非常明显的。该景区的玻璃廊桥投资为7000万元，据报道“五一”期间，其游客人数就已经超过10万人次，按照它的门票180元一张，三天假期，就能够收回接近1/4的投入，而根据新闻报道，它在端午、暑假、中秋势头依旧红火，这个玻璃廊桥项目年内收回投资已无任何悬念。这也就意味着，这个项目未来就是一个印钞机，还会持续不断地产生现金流。

因此，截至2018年，成功的玻璃（廊）桥项目带来投资回报仍然是巨大的，相比其他旅游项目动辄5年以上的回收周期，很多玻璃（廊）桥项目都做到了1年收回全部投资，剩下的运营都是直接赚钱的。

三、玻璃（廊）桥的发展趋势

在如此火爆的玻璃（廊）桥的发展背景下，负面新闻也层出不穷，许多地方的政府部门也不得不出面加以协调。例如，2015年云台山玻璃栈道开放不久，玻璃出现裂痕；张家界天门山玻璃栈桥发生过落石伤人事件。2017年2月15日下午，北京市旅游发展委主任宋宇在全市旅游行业安全工作大会上表示，正协同市安委会研究商讨确定景区内此类玻璃建筑的监管主体责任，在相关管理措施出台前，景区禁止建设玻璃栈道。

在玻璃（廊）桥持续火爆与忧虑并举的背景下，未来玻璃（廊）桥的发展趋势如何，本节认为具有以下六大趋势。

第一，进入市场的玻璃（廊）桥项目日益增加，原有项目加速退出。

从2017年开始各地引入玻璃（廊）桥的项目在加速，截至2018年，玻璃（廊）桥项目虽然屡有争议，但仍不失为所有旅游项目中周转最快、变现最强的网红项目。

随着这些项目的建设落成，体验过玻璃（廊）桥的游客人数的增加，可以预计的是未来玻璃（廊）桥项目的新鲜感在下降，原有的玻璃（廊）桥项目如果惊险度、刺激性不够，会逐步衰落或退出市场。这些项目的衰落或退出也不意味着亏损，因为多数2018年前建成运营的玻璃（廊）桥项目都已经收回成本。

同时这一趋势也意味着，从2019年才开始加入玻璃（廊）桥项目的景区要小心了，因为面临的竞争已经越来越大了，头啖汤已经被人饮过，玻璃（廊）桥的网红标签会一步步褪去，这个项目会回到正常利润，甚至有可能迅速归于普通，如果只是抱着投资心理进行的无特色玻璃（廊）桥开发，很可能会进入亏损通道，因为风口已经弱了，甚至可能很快就过去了。

第二，玻璃（廊）桥技术的创新力度增大，刺激效果将进一步增加。

可以预见的是，随着玻璃（廊）桥的火爆，技术的升级换代将进一步增强，对于玻璃（廊）桥本身技术的探索也在进一步深化。越来越惊险、越来越刺激的桥体技术和玻璃特效将被频繁地用于玻璃（廊）桥项目中，场景设计将更加重要。在桥体技术方面，为了追求刺激效果与环境融合效果，目前比较火爆的玻璃（廊）桥开始采用悬挑玻璃景观廊桥，如最近在玻璃廊桥比较流行的方案就是某玻璃桥公司为广西铜石岭国家度假区玻璃廊桥项目方案，它将悬挑玻璃景观廊桥的技术与丘比特之箭的优美造型在山崖高空加以结合，使得玻璃廊桥的技术继续向前推进（见图4–5）。

图4–5　某公司玻璃桥设计方案

（来源：黎杨斌）

而玻璃特效技术，也不仅有开裂、有声效、有火焰、有流水等多种 3D 效果，跟声、光、影等多种效果结合起来，未来更可能跟实景演出、夜间经济、全息影像结合起来。

第三，多种空间技术的运用，让惊险刺激、体验参与场景融合。

随着玻璃（廊）桥项目的普及和玻璃（廊）桥技术的发展，单纯的玻璃（廊）桥除了景区风景确实得天独厚，配上玻璃（廊）桥能够充分占据“险”“美”二字的，如张家界的天门山玻璃栈桥，其他的都有生存压力。

这种情况下多种空间技术综合运用，让惊险刺激与游客的体验参与、与环境充分融合就会成为一种趋势，当然造价也会明显提升。例如，某玻璃廊桥公司为狼牙山景区做的玻璃廊桥升级方案。通过“室外特种垂直观光电梯 + 竖井隧道 + 横井隧道 + 玻璃栈道 + 飞拉达项目”，前后穿越五座山峰，加大了感官刺激与角度的配合。通过垂直观光电梯、隧道、玻璃栈桥、飞拉达项目等多种空间手段，充分地让狼牙山的惊险刺激展现出来，并将攀岩、体验、观光等多种体验集于一身，从而造成轰动效果（见图 4–6）。

图 4–6　某公司为狼牙山景区设计的综合方案

（来源：黎杨斌）

第四，环保压力增大后，会对玻璃（廊）桥的建设产生冲击。

自党的十八大以来，国家对于环保日益重视，而目前对于玻璃（廊）桥的建设，其中很大的一块质疑就在于钢结构打入岩体所产生的影响会不会对自然环境产生破坏。北京对于玻璃（廊）桥建设的禁令也是在此舆论环境下发出的。未来当环保压力进一步增加时，各地火爆的玻璃（廊）桥建设，必然会再次站到舆论的风口浪尖上，这是玻璃（廊）桥建设的一大隐忧。

第五，未来安全问题将会凸显，玻璃（廊）桥将会站上风口浪尖。

玻璃（廊）桥项目的另一个不可忽视的问题就是高空安全问题。它包括两方面：一是落石及工程质量安全问题；二是社会行为带来的安全问题。

近年来玻璃（廊）桥项目出现的安全问题，由于本身就是山岳型景区，加上施工可能会使山体产生一定的变化，当天气稍有变化，落石就成了玻璃（廊）桥项目的巨大安全隐患，随着全国各地玻璃（廊）桥项目的继续增加，未来肯定还会出现落石等玻璃（廊）桥的安全隐患，给玻璃（廊）桥项目带来不确定性。越来越多的玻璃（廊）桥建设也会激增一些工程质量问题，使得项目安全隐患增加。

另一个社会行为带来的安全问题，如高空的自杀问题、部分人的极限运动带来的安全问题等，在华山、峨眉山的登山栈道中都已经出现高空自杀问题。另外，在玻璃（廊）桥上的极限运动，也很容易带来安全事故。重庆奥陶纪玻璃桥绳索脱落视频就曾经带来巨大的争议，未来很难保证这些社会行为或运营隐患带来的安全问题不会在各地玻璃（廊）桥出现，一旦出现，玻璃（廊）桥也将站上舆论风口，这给玻璃（廊）桥项目带来不确定性。

第六，未来玻璃（廊）桥可能进入城市，助力营造天空城市。

城市本身就是建筑丛林，未来城市必然是立体多层次的空间，利用玻璃（廊）桥、玻璃观景台与都市建筑丛林结合能够营造未来天空城市的蓝图，因此未来玻璃（廊）桥的应用场景很可能会转入城市领域。

同时在诸如重庆这样的山城，能够利用玻璃（廊）桥将山、水、城更好地结合。城市玻璃桥及玻璃观景台可以在山顶及山腰位置建设，利用玻璃桥及玻璃观景台形成较为新潮与刺激的空中观赏整个长江美景的机会，而且玻璃桥与玻璃观景台无论从空中、地面、江面看都极具有景观效果，空中观赏具有刺激性，地面与江面因其折射阳光，能聚焦人们的视野。打造城市玻璃桥及玻璃观景台体系，加深山城的观赏性与刺激性。

结语

玻璃（廊）桥是营造项目型、引流型网红景区的首选，自 2012 年引入中国后，在白石山、张家界等诸多景区都创造了网红传奇。本书对于它的营造场景、成本测算及发展趋势的分析，希望能够帮助景区进行实战运用，让这一项目能够更好地为景区服务。

第二节　“滑道”项目的分析与应用

网红项目对于带动景点景区的人流量有着巨大的作用，在上一节中重点论述了玻璃廊道的应用场景、测算及发展趋势分析，本节将重点分析各类滑道项目的选择与应用。

滑道项目主要是借助一定的介质，将地势高差的优势发挥出来，让人们获得惊险刺激体验。目前市场上的滑道项目主要有水玻璃滑道、不锈钢滑道、彩虹滑道、冰滑道、沙滑道、草滑道等类型，其中冰滑道、沙滑道、草滑道等项目都有特定的应用场合，或在寒冷环境、或在沙漠环境、或在草地场景，且这些项目出现的时间也较长，已经不属于近年来新兴的网红项目了，在本节中暂不探讨。本节将重点对玻璃滑道、不锈钢滑道、彩虹滑道这三类滑道项目进行项目应用及投资测算分析。

一、玻璃滑道

玻璃滑道是近年来随着玻璃技术的发展而流行起来的一项新的景区项目，它分为有水玻璃滑道和无水玻璃滑道两种。玻璃滑道大多是用于有一定坡度，但又不太陡峭的山地，由于原本的景观并不非常吸引人，从而设置玻璃滑道，增加刺激性与互动性，使得平淡的景区出现不同的感受。这些项目出现后，又与目前的短视频自拍充分结合，成了风靡一时的网红项目。目前，可以在抖音中发现大量的玻璃滑道娱乐的视频。

（一）有水玻璃滑道

笔者咨询业内人士得知，有水玻璃滑道如果不需要钢结构支撑，它的造价一般在4000~6000元/米，整体的滑道长度可超过500米，部分甚至做到1000米以上。例如，河北石家庄的漫山花溪谷，其全长达到1260米，水平距离740米，落差100米。

按照基本的造价来计算，一段长度为500米的有水玻璃滑道，不考虑施工难度极大的情况，且不考虑使用钢结构的情况下，其造价约为200万~300万元。玻璃滑道每次能使用的人数为2人，考虑到滑道安全，每次滑道使用者之间间隔200米为宜，滑道日最高峰为1000人左右，按照一般的单次价格在50~60元，在不计耗损及管理费的情况下，至少也要6万使用者才能收回成本。在实际运营中，部分景区将有水玻璃滑道作为景区引流项目，将项目含在景区价格中，部分单独收费的，价格在60~100元/人。

对于景区运营而言，有水玻璃滑道项目存在以下的优劣势。

1. 优势分析

（1）项目引流。有水玻璃滑道是目前抖音上非常流行的网红项目，非常受到年轻人的青睐，能够迅速吸引年轻客群，具有较大的引流作用，但具体的引流上变化没有明确的数据测量。

（2）改变景区形象，改变客群结构。能够在短时间内改变景区原有的固化形象，让景区从较为传统的景区、吸引观光游客为主的景区，转变为观光与互动并举的景区，也能够改变客群结构。这对于一些需要提升的老景区来说是一种比较好的选择。

（3）能够让平淡无奇的景观变为互动刺激景观，丰富游线体验感。在原本景区的山景水景较为平淡的情况下，进行相应的有水玻璃项目，能够让平淡的景观增添刺激性与互动性，同时让下山这一枯燥的事情变成一项有趣的活动，增添了游线的体验感和丰富度。

2. 劣势分析

第一，北方地区受限于季节，可运营时间较短，对效益影响较大。

考虑到北方地区冬季较为漫长，一般而言，天气温度低于20℃，有水玻璃滑道的受欢迎程度就下降，当天气降至0℃开始出现结冰就不适合进行此项运动，北方很多地区从9月下旬开始到次年5月左右，这段时间有水玻璃滑道的使用受到限制。

再加上雨雾天气，使得安全性下降，一般也不会进行开放，北方地区该项目全年实际可运行的天数在 120 天左右，实际上最火热的是夏季与周末、小长假，客流量较高的天数在 50 天左右，可以说运营时间较短。

第二，受滑道数量的影响，每日客流量有限，也影响体验质量。

因为有水玻璃滑道较宽，且从安全考虑，一般只同时建设一条滑道，较短的有水玻璃滑道一次一般只通过一个橡皮筏，较长的有水玻璃滑道一般情况下两个橡皮筏的间隔距离也应当在 200 米以上，否则在滑行过程相撞容易造成碰撞脱轨事故。这种情况下，每天能够实施漂流的橡皮筏巅峰在 400~500 只，每只橡皮筏坐 2 人，一天的巅峰客流量在 800~1000 人。而且由于游客进入景区往往是有集中时段的，在游客较多时，有水玻璃滑道队伍长排，限制了游客体验，排队时间过长也影响了体验质量；而游客较少时，又影响运营效果。

第三，安全性有一定威胁，后期维护成本也不低。

有水玻璃滑道本身还是有一定的危险性，每年也有事故发生，这为玻璃滑道的前景也带来了一定的阴影。同时玻璃设施在使用 2~3 年后，随着玻璃的老化，也需要注意维护更新，尤其是冷热温差变化大的区域，更需要注意。

总体而言，有水玻璃滑道受限于它的滑道数量，很难在游客的巅峰时期实现流量转化，在人多时拥挤却难以实现转化，人少时门庭冷落，对于经济效益有着较大影响，加大了项目回收的难度，投资 300 万元以上的有水玻璃滑道，很难实现当年收回投资，而越往后，其维护的费用又在增加。另外，有水玻璃滑道的安全性，尤其是橡皮艇滑出轨道的事故也曾经发生过，使得这种项目虽然在网络上非常火爆，但是在现实中投资的景区并不多。

（二）无水玻璃滑道

无水玻璃滑道是单人项目，让游客穿上特定装备（衣服和手套），借助自然的重力在设定的玻璃轨道上迅速滑行，从而产生刺激感。为了安全，一般设置了玻璃滑道、钢护栏、玻璃安全罩。无水滑道早已有之，最初利用大理石进行滑道铺设，在玻璃技术攻克后，普遍建设无水玻璃滑道。

无水玻璃滑道最多能够设置两条滑道，其倾斜角度一般不超过 35°，考虑到造价成本及安全，一般情况玻璃滑道的长度在 100~300 米，多数在 200 米左右，其造价成本比有水玻璃滑道要高，一般在 6000~7000 元 / 米。由于单条滑道占地狭小，一般可以同时做两条无水玻璃滑道。游客也可以利用手套及调整坐姿实现部分的速度调节。一条200米左右的无水玻璃滑道的投资大约在120万~140万元。根据景区运营的实践，部分景区将这类项目的收费定在30~50元/人。

例如，河南新密市伏羲山三泉湖景区的双排玻璃滑道全长280米，落差达105米，在国内算是规模比较大的无水玻璃滑道。佛山南丹山玻璃滑道则比较中规中矩，长度200米，设置为单滑道。

无水玻璃滑道也适用于传统山岳类景区升级，它同有水玻璃滑道一样，能够给平淡无奇的山景带来刺激的互动，同样也能够吸引部分的年轻人参与其中。作为一个景区项目，无水玻璃滑道具有以下优劣势。

1. 优势分析

（1）相对于有水玻璃滑道，它更加安全。与有水玻璃滑道相比，无水玻璃滑道更短，同时单人次使用，重量更低，又可以通过手套等进行速度微调，因此更加安全。

（2）玻璃罩设置，不受绝大部分天气的影响。因为无水玻璃滑道的玻璃罩安全设置，可以让它与外界的天气起到隔离作用，因此风霜雨雪天气对无水玻璃滑道的影响不大，冬天也可以进行运营，大大延长了运营时间。

（3）可以同时多人滑行，也可设置双滑道，可通过流量较大。无水玻璃滑道由游客自身体重下滑，且通道较短，即使双人相撞，损伤也不大，因此流量较大时，只要有50米左右的间隔，就比较安全了；同时部分景区通过设置双滑道，使得可通过的流量进一步增加。因此与有水玻璃滑道相比，最大的优势就是它的可通过流量更大，一条玻璃滑道客流量日最高可达800~1000人，双滑道考虑到安全日最高可达1400~1600人，甚至有景区做到过3000~5000人，但是体验感已经非常差。因此无水玻璃滑道通过的人流量较大些，高峰时排队也要少一些。

2. 劣势分析

（1）无水玻璃滑道景观性较差，引流效果差。无水玻璃滑道与有水玻璃滑道相比，由于考虑到安全原因，会制造玻璃罩将景观隔绝，因此，它的景观性差，拍视频出来也较为单调，缺乏有水玻璃滑道的视频效果，因此从实际运营来看，它不是一种引流型的项目，而是作为有一定登山人群后，可以采用的流量转化消费产品，如果登山人群不多，那么这个项目的转化效果就会比较差。

（2）无水玻璃滑道的路径更短、体验感更单一。无水玻璃滑道一般长度在200米以下，多数以直线为主，下滑过程在1分钟左右结束，整个体验过程又在封闭的玻璃通道内进行，且只有下滑一种姿势，因此整个过程与有水玻璃滑道相比，体验感会差很多。多数游客体验一次或在其他地方体验过类似项目，除非为了节省下山时间，否则一次体验就足够了。

（3）投资较小，回报主要看已有人流量转化。由于无水玻璃滑道的长度相对较小，因此总体投资一般控制在百万级别以内，而此类项目的投资就要看所依托的山岳攀登的人数多寡了，如果登山的人数足够，且有相当的转化为无水玻璃滑道的消费者，则回收快，如果登山人数少，则收回慢，后期其维护费用也不低。

总体来说，无水玻璃滑道的引流能力不如有水玻璃滑道，但是无水玻璃滑道的安全性更好，单位时间内通过的游客量更多，适合有大量游客可以转化为二次消费的景区，而不适合景区本身游客不多，想以此来吸引游客的景区。无水玻璃滑道的投资量相对较小，回报主要看山体本身客流量的转化。

二、不锈钢滑道

不锈钢滑道是一项比较成熟的技术，应用于景区的时间也比较长，近年来随着各类“滑道”的兴起，不锈钢滑道再次进入景区的法眼。不锈钢滑道有槽式滑道和轨式滑道等多种。其中槽式滑道主要由地铺的不锈钢槽面和单人乘坐的滑车两部分组成。其中滑车设有手刹，可以增大摩擦，减缓滑行速度。轨式滑道则主要由地面铺设的轨道与滑车两部分构成，滑车也设有手刹，可以调节速度。前者比较有名的包括全长1580米的北京慕田峪长城不锈钢滑道和广州白云山不锈钢滑道。后者则较为传统，在许多景区中都有设置，本节不对轨式滑道做过多讨论，集中讨论槽式不锈钢滑道。

槽式不锈钢滑道的主要成本在不锈钢槽面的铺设上，但目前来说技术已经比较成熟，不锈钢的价格也比较确定，厚度不同的不锈钢及应对不同地形的土建为项目的主要成本，其成本从1800~3000元/米不等，当然更高的要求，则报价更高。槽式不锈钢滑道的倾斜比玻璃滑道更小一些，一般很少超过30°，滑行的速度也不快。轨式滑道的成本稍低，轨道铺设价格及土建综合起来跟槽式相差不大。不锈钢滑道的长度可以比较长一些，如长城不锈钢滑道达到1580米，白云山不锈钢滑道达到1400米。投资价格一般在2000元/米，三特投资的白云山不锈钢滑道总投资约300万元。单次不锈钢滑道的门票价格为30~60元/人，如慕田峪长城不锈钢滑道价格为55元/人。

下面从优劣势及应用场景分析不锈钢滑道项目。

（一）优劣势分析

1. 优势分析

（1）投资低、难度低。不锈钢滑道项目相对于玻璃滑道而言，成本只有后者的1/2~1/3，而且工程难度较低，土建的工程量较小，整体技术成熟，建设迅速。

（2）安全、稳定。不锈钢滑道项目由于坡度较小，且紧贴地面，加上有刹车装置控制，整体而言非常安全，运行也较为稳定。一般雨雪天气也会视情况关闭，安全性较高。

（3）流量大、迅速分流。不锈钢滑道由于非常安全，不需要太大的安全距离，即使有一定的碰撞，也是一种乐趣，因此只需要留足保持滑道通畅的距离20米左右即可，因此单轨日流量达到2000人也可以期待，双轨的情况下还可以达到300~4000人，是一种能够迅速将流量转化为二次消费的特种交通项目。

2. 劣势分析

（1）景观较差，引流能力不足。不锈钢滑道整体呈现黑色或银色，视觉感较差，从已有的视频拍摄来看，画面感也一般。另外，因为槽式滑道紧贴地面，实际上游客滑行过程中的视觉效果并不佳，比起架空的玻璃滑道而言，差距非常明显。因此，从项目引流方面来说，效果不佳。

（2）破坏景观和整体氛围。不锈钢滑道由于轨道较为丑陋，铺设后对于景观而言并不漂亮。另外，这些工程建设措施对于某些区域来说，也是一种整体氛围的破坏。例如，慕田峪长城的不锈钢滑道就受到业界及文保专家批评，认为其破坏了长城的整体肃穆的文化氛围。

（3）体验感不足。不锈钢滑道的坡度较为平缓，整体的刺激性大大下降，对于年轻游客而言，这种速度过慢，有时候由于滑道人数过多，还会出现拥堵、走走停停，因此很多不锈钢滑道被年轻人吐槽为“妈妈滑道”。

（二）应用场景分析

总体而言，不锈钢滑道的投资较玻璃滑道而言低很多，从景观上也说也比较差，不锈钢滑道不是一个引流型的项目，它是一个典型的分流型项目，就是在本身已经有较大人流量的山岳地区（且坡度较为平缓），进行游客分流的。例如，慕田峪长城平时客流 3 万人次，周末客流达到 5 万人次，这种情况下，不锈钢滑道进行人流量转化，实现下山的便捷就成为一种可靠的选择。因此，不锈钢滑道必须设置在山岳型人流量密集地段，以实现即时引流为目的。

三、彩虹滑道

最后来谈彩虹滑道，彩虹滑道是近年来兴起的一种新型轨道项目，彩虹滑道的主要构件为塑料轨道，整体的成本较低，视地形一次可以架设 6~8 条滑道，而且由于彩虹滑道的主要构件为塑料，因此可以任意调配颜色，当形成 6~8 条滑道后，加上一定的装饰物，就能够形成非常美丽的景观，无论从空中还是从地面都具有非常不错的视觉效果。8 条轨道的彩虹滑道投资在 60 万元左右，加上土建等，成本控制在 100 万元左右。彩虹滑道可单独售票，也可与整个门票一起售卖，单独售票价格一般在 30 元以内。衢州飞鸿滑草场彩虹滑道如图 4–7 所示。

图 4–7　衢州飞鸿滑草场彩虹滑道

（来源：潘渊）

下面从项目的优劣势和应用场景方面分析彩虹滑道的投资。

（一）优劣势分析

1. 优势分析

（1）投资低，流量大，回收快。彩虹滑道的一个巨大优势就是它的投资较低，8 条轨道的彩虹滑道投资也只在 100 万元左右，轨道数量少一些，其成本更低。但它同时拥有 6~8 条滑道，因此它的流量非常大，如果 8 条滑道全部开放，日流量可达到 3000 人以上。在成功的项目中，由于它的流量足够大，这一项目的资金回拢也很快。

（2）景观强，具备引流作用。同时彩虹滑道的色彩感非常鲜明，不论从空中还是地面进行拍摄，它的画面感都非常好，在抖音等视频上的呈现效果也不错，具备一定的引流能力。

（3）安全性高。彩虹滑道的坡度不大，转变较为平缓，一般不设拐弯，因此安全性非常高，适合儿童、成人、老人等不同年龄阶段的人群。尤其适合父母带着儿童一起参与游戏。

2. 劣势分析

（1）场景感要求高。彩虹滑道由于其项目本身的特征，加上比较低速安全，一般而言，用在亲子类的场景中比较多，一般适用于父母陪同小孩玩的场合。而且彩虹滑道由于其色彩绚丽，往往成为整个景区的视觉中心，它的周边需要其他的氛围进行烘托，才能够衬托出彩虹滑道的视觉效果。

（2）对地形有要求，不适用于山岳流量转化。彩虹滑道要具备一定的宽度，要能够同时建造 4 条以上的轨道才能呈现出效果，因此它对轨道宽度有较高的要求，不适合山岳型流量的大规模转化，因为那样会涉及对山岳植被的破坏等。

（二）应用场景分析

彩虹滑道是近年来兴起的一种新的项目，它主要用于亲子类乐园或者体验性中等的景区中，如儿童乐园、草原主题乐园等，它在这些乐园中具有强烈的标识性，很容易成为景区的核心或区域的核心，同时它也需要一定的情境进行陪衬。其安全性较高、适合人群广，在场景感营造得好的景区中，能够很快地实现流量的转化。

结语

随着中国旅游的发展，网红项目也层出不穷，“滑道”类项目拥有一定的优势。引流与流量转化方面，有水玻璃滑道在引流方面较为突出，无水玻璃滑道和不锈钢滑道在流量二次转化方面具备优势，而彩虹滑道在场景设置得当的景区中，能够引流与迅速导流，它们的角色各有不同；成本方面，玻璃滑道高于不锈钢滑道，不锈钢滑道高于彩虹滑道；对地形的要求方面，彩虹滑道对于横向幅度要求较高，而不锈钢滑道的坡度要求较平缓；场景应用方面，四者也有各自使用的场景。因此，在选择滑道时，必须综合考量景区的客流情况、地形情况、发展阶段、滑道的类型与投资回收情况……综合各方面要素，慎重投资，方能取得较好的收益。

第三节　热气球，小投怡情，大投慎重

我国自2010年开始，根据国务院、中央军委8月印发《关于深化低空空域管理体制改革的意见》(下文简称《意见》)，低空空域改革试点自2011年起开始向全国推广。低空类的项目，诸如滑翔伞、直升机、翼装、热气球等陆续成为人们的休闲选择。然而自2017年以来，随着土耳其旅游成为热门线路，热气球率先脱颖而出，成为2018年低空旅游中的头号网红项目。土耳其卡帕多西亚热气球项目如图4–8所示。

而最早热气球旅游这个IP开始火爆还来自于影片《飞屋环行》，主角乘坐热气球环游世界，为自己的视角打开一扇窗户。土耳其热气球旅游的热潮也带火了国内热气球旅游的相关产业，诸多的同人也在纷纷咨询，景区是否要上马热气球项目？在此情况下，本节将从热气球项目的投资、管护等各方面出发，对热气球项目进行分析。

图4–8　土耳其卡帕多西亚热气球项目

（来源：马蜂窝网站）

一、热气球旅游的分类与成本

热气球分为系留飞体验和自由飞两种。

系留飞是将热气球由 3~4 根专用绳子固定在特定位置因此不会飞走，只能直上直下和在绳子范围内做低空练习。这种热气球项目率先在国内出现，最开始因为不需要申报空中飞行许可，而在景区中运用较多。一般在花海类项目、农业景观类项目或大地景观类项目中使用较多，能够让人升至空中俯瞰整个大地。国内东部华侨城在 2009 年茶溪谷花海景观区较早推出了系留飞氦气球，成为当年东部华侨城的爆款项目，游客平均要等待 30~50 分钟才能体验一次。一般在国内系留体验的价格从 50 元到 200 元不等（在重庆的洋人街游乐园体验价 50 元 / 人，云南腾冲看火山美景体验价 200 元 / 人），在空中停留的时间在 5~6 分钟，上下时间约为 5 分钟。

自由飞项目，即不用固定绳子在空中随风飘荡。这一种最符合《飞屋环游》的畅想，在国内一般热气球的飞行高度不能高于 1000 米。在国内已经有较多的地区拥有自由飞的热气球项目，如横店影视基地、桂林阳朔燕莎航空运动营地等地。自由飞的价格一般在 800 元 / 人。

二、系留飞热气球项目的分析

系留飞热气球适用于特定场景，如花海、梯田、火山口等景观中，由于地面的景观十分漂亮，因此即使是系留飞，也能够有较好的体验，而且系留飞的高度一般在百米以内，各方面的把控性较好。一般每次能够乘坐 5~7 名游客，多的能够乘坐 7~9 人，再加 1~2 位操作人员，每位游客的收费在 50~100 元，每次体验约 10~15 分钟，一天一个热气球的最大流量也能够达到 150~200 人，扣掉每天 1000 元左右的燃气费，以及工作人员的费用，只要愿意体验的游客有保障，一天的盈利也能达到 2 万 ~4 万元左右。而系留飞的热气球质量要求可以相对低一些，人民币 8~10 元足以应付。因此在人气旺、场景较好的景区，引入系留飞的热气球项目，其资金回收相对而言较为迅速。

但系留飞热气球项目缺点也很突出，就是只能直上直下，相对会比较无聊，游客中愿意尝试的客人并不多，在多数的景区中一般会投资不会超过 10 个系留飞热气球，从而将大量的游客转化为二次消费。但更多的热气球，就会陷入供过于求的局面，反而会引发亏损。同时系留飞热气球的景观相对单一，也使得这一类型项目很难引流，这也是系留飞热气球很难在景区发展壮大的原因。虽然理想状况下，盈利能力很强，但是其实愿意尝试的游客人数本身数目不足，也制约了系留飞项目的发展。

因此本身就有较大客流量，需要客流进行二次消费转化的景区，可以在场景、景色较好、风力较小的地方进行小规模的系留飞热气球布局，还能够成为一个可以盈利的项目。但是一旦热气球的布局太多，本身的游客上座率下降，工作人员的费用上升，就会使整个项目得不偿失。

三、自由飞热气球项目的分析

第一，自由飞热气球项目与系留飞新项目不同，自由飞首先必须有获得相关低空飞行资质证书的工作人员，还必须配备车辆加以回收，车辆至少需配置1名工作人员，因此一个自由飞的热气球，必须配备2~3名工作人员才能实施，因此自由飞项目的成本远高于系留飞项目。同时由于风力的转向及其他因素的影响，自由飞热气球并没有像系留飞那样能够精准地定点回收，因此在城区飞行时，有时候会降落在操场等意想不到的地方，这一点横店的自由飞热气球曾在居民区降落就是一个例证。在热气球比较少的情况下，一个热气球三位工作人员加一辆回收车的耗费就非常高了。但如果热气球较多，一般会设置相应的回收基地，人力成本会有所降低。

第二，一般而言，如果自由飞没有像土耳其卡帕多西亚那样形成国际性的品牌，那么一个景区或一个基地同时运转的热气球个数一般不会超过20个，一次飞行约30分钟，但把回收的时间与运输的时间加进来，一般而言一天能飞2~3次，一天总共能够尝试的人数也非常有限，这也是对这个网红项目的非常大的制约。

第三，自由飞项目还跟天气有着巨大的关系，南方地区的阴雨雾天气不适合飞行，北方地区的雨雾雪天气不适合飞行，西北地区及海边的有风天气不适合飞行，这样一年算下来，在国内不论南北西东，适合自由飞的时间不多，这也是一个极大的限制。自由飞项目如果能达到全年180天以上自由飞行，这个地区的自由飞热气球就有比较大的发展可能空间。

第四，自由飞项目还是一个极限项目，有一定的风险性，安全问题始终跟随。即使是风和日丽，也很难保证高空中的空气对流情况，即使是土耳其也经常发生热气球事故，如 2014 年 12 月 17 日，土耳其当地时间 8 点 15 分，土耳其中部著名的卡帕多西亚旅游区突然坠落，造成 1 名中国游客死亡，11 名游客受伤。2017 年 3 月 14 日中午，土耳其卡帕多西亚 3 只热气球降落过程中因强风撞向地面，共有 15 名中国游客在这起事故中受伤。在中国，2009 年 10 月 14 日，阳朔热气球爆炸事故导致 4 名荷兰游客死亡、多人受伤的惨剧也给这项活动的发展带来了阴影。在国内，愿意尝试自由飞热气球项目的人群始终有限，政府出于安全考虑限制发展，也造成了这一项目难以规模性发展。而在海外知名的热气球项目地，由于负面新闻较难传达至国内，游客会选择性无视风险，因此在网络热潮下花费 100 多美元体验热气球也是常见的事情。

景区如果发展自由飞热气球项目，虽然游客收费可以达到 800 元 / 人，但是开支惊人。首先就是养人、养车的成本巨大，而且这笔费用比热气球的购买成本还要高，一个自由飞的热气球造价在 10 万元以上，但是每年人员配置、车辆配置费用却在 2 倍以上。加上适宜飞行的天气确实不多，愿意尝试的人群又少，还不能从普通游客中简单转化，加上安全问题，一般景区很少会专门引入自由飞热气球项目，即使有，也是作为零星的点缀，难以形成规模效应，也难以形成土耳其或埃及的上百个热气球同时升空的景象。

中国景区中更适合的自由飞热气球项目形式是以热气球节或者暑假期间引入热气球团队进行短期的项目合作，如湖北恩施大峡谷的热气球节，既能够通过提前的宣传积累一批愿意参与热气球活动的爱好者，又不必供养专业的团队，而专业团队又能在全国寻找适合飞行的景区，也保证了飞行的天数，目前这种合作方式比较流行。

结语

热气球项目作为新晋网红项目，分为系留飞与自由飞两种，在目前的市场环境下，人气旺的景区发展系留飞热气球能够转化为一定的二次消费，而发展自由飞项目却存在着诸多的不确定因素，因此景区考虑引入热气球项目时需要综合考虑景区所处的阶段，所需要承担的成本与所能获得的效益，审慎介入。

第四节　小火车的运用场景、投资测算与注意事项

2018 年的黄山西海一段视频，将小火车再次拉进了我们的世界，使得小火车成了名副其实的网红项目，而且越来越多的景区开始引入小火车项目。小火车项目到底如何？它的应用场景是怎样的？本节主要从小火车在景区中的应用场景及投资基本测算入手，阐述这一网红项目的可行性。

一、小火车项目在旅游中的应用场景分析

首先要明确的是小火车这种项目在旅游中，不是一种引流型的项目，也就是说，没有人是冲着小火车而去某个旅游目的地的。因此，那些原本流量就不大的景区，如果想通过小火车项目的引进获得较大的游客量，这个想法基本可以放弃了。那么小火车可以做何用途？

小火车的基本用途有两个：一个是运输；一个是观光。这两个用途也就决定了小火车的基本应用场景，一个是进行人流量的输送，另一个是增加观光体验。具体而言，这两个基本用途决定了以下几个方面的应用场景。

第一，应用场景一：人流量特别大的地方的特种交通，疏散为主、观光为辅。

第一个应用场景就是小火车的基本运用，那就是在人流量特别大的地方，作为特种交通，主要起到交通疏散的目的，如果有比较美丽的风光，那就更是一举多得了。这种情况下小火车就是作为特种交通的应用，以“造型＋运输”为主，甚至有的地方的小火车造型稍微逊色的，但是盈利能力绝对是首屈一指的。

国内小火车在这一应用场景下的典型案例就是黄山西海小火车（见图 4–9），它出现在人们爬黄山已经筋疲力尽，而且“上山容易下山难”，这时候黄山西海小火车出现得恰到好处，能够免除游客的疲劳，又送游客至半山腰，

可谓交通“及时雨”，加上部分区域 45° 以上的倾斜带来的刺激感及沿途水墨般的风景，即使西海小火车前后仅有 1 分钟体验，且它的票价高达 100 元，它也极其受欢迎，并迅速成了网红，引来无数打卡者，带火了小火车热潮（黄山地轨小火车虽然名为小火车，实际上属于缆车类）。

图 4-9 黄山西海地轨小火车

（来源：视觉中国）

第二，应用场景二：人流量比较大的地方，实现地域串联，带动全域旅游发展。

第二种运用小火车比较多的场景就是运用于全域旅游中，但这个全域旅游的运用有一个非常重要的前提，那就是在其中至少有一个区域的人流量比较大，然后利用小火车作为特殊的交通形式，实现地域串联，将人流由一处或多处密集的地方向新开发区域进行引流，从而带动全域旅游的发展。

尤其是在乡村振兴或者特色小镇这个级别的适合使用，如浙江安吉的鲁家村，由浙江天佑铁路设备科技有限公司建设的 4.5 千米长的小火车（见图 4-10），分设 6 个站，随到随上，可以将入村密集的人流引向鲁家村的 6 个主要区域、18 个主要农场，为全域旅游的发展打下了很好的基础。因此在人流量大的田园综合体、特色小镇项目中，可以利用小火车很好地带动全域旅游的发展。

图 4–10　鲁家村小火车

（来源：浙江天佑）

第三，应用场景三：人流量特别大的地方，作为特种交通，增加二次消费，成为必经场景。

第三种利用方式就是在一些人流量特别大的地方，将小火车当作一种特种交通，成为必经场景，从而增加二次消费，这种应用场景也是未来的一部分。如某些景区，其核心景区离景区大门有一定距离，通过徒步方式又比较费力，或需要穿越隧道之类，那么小火车就相当于一种特殊的景区交通，而且能够行之有效地增加景区的二次消费。

小火车也适用于夜景灯光秀等，在夜景秀或彩灯节等节事活动的刺激下，景点景区的会有密集的人流集聚，利用小火车将密集的人流进行疏导并欣赏夜景，并能够产生相应的特殊交通二次消费。

第四，应用场景四：某些特殊景观，用小火车能体现惊险刺激。

第四种应用就是在某些特殊场景下，能够用小火车呈现某些特殊景区的效果，尤其是一些能够带来惊险刺激感的场景，如某些景区拥有深山峡谷，或者激流瀑布，可以利用小火车的特性，从深山穿越、峡谷穿梭、经过瀑布、飞越激流等，如但尼丁泰伊里峡谷小火车（见图 4–11）。

图 4-11　但尼丁泰伊里峡谷火车

（来源：视觉中国）

第五，应用场景五：必须有组织进入，能够保护环境或比较安全，营造这种氛围。

还有一些场景是必须有组织进入的，因为保护环境或者出于安全考虑，更适合采用小火车集体组织出游的形式进行。例如，由于游客乱扔垃圾而被迫关闭的年保玉则景区等，这些景区由于其生态敏感，适宜有组织地统一进入，但是由于地广人稀，又没有足够的管理人员负责带队，那么选择诸如小火车这样的慢行交通，既能够有效地约束游客行为，又能够欣赏到无边美景，还能定点拍照，就成为比较好的选择。

另一类是本身有一定的危险或刺激性，不适合人们散乱游玩，或者是小火车观赏具备一定的安全性，如墨尔本希尔斯维尔动物园的野生动物区小火车巡游（见图 4–12）。人们坐在小火车上进入园中观看自由放养的动物，一方面约束游客行为，不让他们投食或惊扰动物；另一方面游客在小火车上也相对安全，防止动物袭击游客，能给游客以安全感。

图 4-12　墨尔本希尔斯维尔动物园小火车

（来源：视觉中国）

第六，应用场景六：某些大范围的观光景色，适用小火车在运动中观感更足。

在某些大范围的观光型景色中，徒步或自行车的形式太慢或不利于同步观景，如果利用小火车则能够以比较方便的形式观赏景观，同时还能够感受流动的风景。在花海、盐湖、枫林、森海、沙漠、农业景观等大范围景观中这种运用能够让人体会到不一样的景观，因此被加以应用。例如，日本嵯峨野赏枫列车（见图 4-13），全国各地的花海小火车等（见图 4-14）。前者穿梭于枫林海中，能够让人感受枫海流动的景观，而后者能让人从不同角度看到花海的绚丽多姿。同样的茶卡盐湖边的小火车也能让人感受到天空之镜的纯粹与美好。

图 4-13　日本嵯峨野赏枫列车

（来源：马蜂窝）

图 4–14　缙云笕川花海小火车

（来源：浙江天佑）

在目前的乡村振兴语境下，乡村景观或者农业景观通过小火车进行呈现也是一种重要的方式，如兰陵国家农业公园，在增加小火车游览后，大大增加了相应的收入，也拓展了国家农业公园的观赏层次（见图 4–15）。

图 4–15　兰陵国家农业公园小火车

（来源：浙江天佑）

第七，应用场景七：作为怀旧场景或魔幻场景的一种，营造氛围。

小火车作为一种场景性的项目，尤其在怀旧类的景区或魔幻类的景区中，能够将“运输”的功能变幻为“穿越”，或者“穿梭”，如果再带有一定的剧情或者故事性，就能够有很好的体验感，而小火车本身也能够成为体验的一部分。比如，如果要营造哈利·波特主题公园的氛围，那么那辆通往魔法学校霍格沃茨的小火车是必备选项。

第八，应用场景八：亲子乐园中，作为家庭亲子项目而存在。

儿童对于小火车还是有着巨大的兴趣的，在小火车上，小朋友能够非常安全地浏览沿途景观，而且部分小火车的排座设计，适合父母与孩子共同出游，因此在亲子乐园的环境中，或多或少都会运用小火车，一方面是增加二次消费项目，另一方面是增加乐园的趣味性。

第九，应用场景九：作为独立 IP 的小火车，营造童话感觉。

还有一类就是小火车作为独立 IP，然后以小火车作为 IP 核心，进行重点打造的乐园，重在实现 IP 的主题化落地。例如，《托马斯和他的朋友们》是大卫·米顿导演的动画及电影，这些动画及电影在全世界范围内，传播了小火车托马斯的 IP 形象，这个形象就成了一个强 IP，在日本已经建设了托马斯乐园（见图 4–16），就是基于小火车托马斯和他的朋友们的场景。世界范围内，其他的小火车的 IP 也不少，未来这方面可以继续发掘。

图 4–16　日本托马斯乐园

（来源：马蜂窝）

二、小火车的投资与回报测算

小火车的应用场景非常多，那么小火车的投资与回报如何呢？本节将重点介绍小火车的投资与回报。

小火车项目也属于特种项目，国家相关部门需要对其进行监管，同时对相关的操作人员也需要进行培训方能持证上岗。

现有中国的小火车项目既包括有轨小火车，又包括无轨小火车，其中无轨小火车可以说是伪小火车项目，因为只具有小火车的外形，不具备轨道，实际上是具有小火车外形的燃油或电动车。但是因为无轨小火车的成本低，而且只需要一般路面就可以行走，因此整体的费用非常低。

（一）无轨小火车的投资

无轨小火车的投资相对简单，主要是火车站台的建造、路面铺设、无轨小火车本身的造价及管理人员的费用。

其中路面铺设可以是混凝土，也可以是三合土或是其他路面，视具体项目而定，铺设道路的成本从15万元/千米起，一般的长度不超过5千米，但观光道路本身就是景区的需要，并不是刻意为无轨小火车而配件的。其次是火车站台，可以相对简易，根据需要确定场地大小，但是花费一般不高。无轨小火车分电动车与柴油车两种，时速在10千米/小时以内，一般带2~4个拖厢，每个拖厢能坐20~24人。从目前的市场情况来看，小型1拖3（19人）无轨小火车价格可低至5.5万元，1拖4（25人）可低至6万元；中型1拖4（32人）价格可低至7.2万元；大型1拖2（42座）价格32万元，1拖3（74座）39万元。

无轨小火车对坡度有一定的限制，坡度一般要低于5°，但是极致条件下，坡度不超过15°，无轨小火车也能够胜任。

无轨小火车一般需要配备1名驾驶员，目前来说，对于驾驶员的驾照没有特殊要求，只需要经过培训后取得上岗证即可，可配1名导游解说。大型的无轨小火车需要取得厂内牌照。

从总体来看，无轨小火车成本较低，也能够营造出乘坐小火车的效果，同时也具备火车鸣笛及蒸汽效果，从体验上来说，是低配版的小火车。由于它的成本低廉，也能在一定程度上对地形较好地适应，车辆调配较为灵活，也能营造出乘坐小火车的感觉，因此在许多的儿童乐园、亲子乐园、花海项目中运用广泛，在广州长隆动物园中也是采用的这类无轨小火车（见图 4–17）。

图 4–17　无轨小火车（图片来自金阳光游乐）

（二）有轨小火车的投资

与无轨小火车相比，有轨小火车就是较为真实的火车了，它的体验感更强，列车行驶在铁轨上更具有火车的感觉。它的投资、建设、要求比起无轨小火车来说要高许多。

1. 投资构成

有轨小火车主要由火车站、铁轨、列车三部分组成，根据有关介绍，按照一般条件，在不需要过多工程条件的情况下，三者合一，综合单价在 150 万 ~220 万元 / 千米，有交通目的的综合单价 200 万 ~300 万元 / 千米。但是如果需要进行一定的特殊地质或工程条件，如土质问题、峡谷问题、桥梁问题、隧道问题等就需要加大基建的投入，价格可能在 200 万 ~500 万元 / 千米。

从单项投资来看，火车站的大小约为 30~40 米长、3~4 米宽，造价在 2000 元 / 平方米，一个火车站台的造价在 18 万 ~32 万元左右。

铁轨的投资 600 轨距的轨道价格在 60 万 ~70 万元 / 千米，762 轨距的轨道价格在 70 万 ~80 万元 / 千米，相应的距离以此推算。

普通的小火车单体车厢可乘坐 12 人、18 人、21 人、32 人、40 人，一般是 3 节。其中承载 63 人的小火车，车身造价约为 80 万元，128 人的小火车车身造价约为 120 万元。

2. 有轨小火车管护

有轨小火车目前的主要动力为电动电控，电源的供给方式可以是随车柴油发电机组、锂电池、接触网等，一般充电后，能够运行大约 8 小时，连续运行累计时间不低于 80 小时。

有轨小火车为轨道交通范畴，属于特种设备，受国家标准《GB/T 18165—2008 小火车类游艺机通用技术条件》约束，国家对其速度的规定不得高于 10 千米 / 小时。一般分为两个速度值，一个是速度小于 7.2 千米 / 小时，这一类不纳入监管范围，另一类速度在 7.2~10 千米 / 小时属于大型游乐设施范畴，质监部门负责监督。

有轨小火车驾驶员需要特种设备操作证，员工可以花费 650 元报考，考过即可获得操作证持证上岗。如果是环线的话，配置车辆不受限制，可以按需要配置；而如果是单线的话，2 组车，则需要就在中间设置一个交会站。有轨小火车还需要注意其单次能够承载的人数及上下游客的时间。前面已经提到单节车厢可乘坐的人数，但是由于有轨小火车的成本规模，其搭载游客人数一般为 100~200 人。一般而言，客量在 100 人左右的小火车的行程时间在 2 分钟左右，客量在 200 人左右的小火车的行程时间在 5 分钟以内。

（三）小火车项目的回报测算

无轨和有轨小火车的回报如何？其实还是由所在园区本身的人流量决定的。

1. 无轨小火车的回报测算

无轨小火车的车站简陋、路面与游道共用，往往不计入小火车项目投资，那么最大的投入就是无轨小火车车辆及运营人员的费用及柴油或电费。小型无轨小火车，造价在 6 万元以内，加上运营人员费用每天约 200 元，柴油或电费 150 元左右，票价 20 元 / 张，一次运送游客 19~25 人，每趟上下车及运行时间在 20 分钟左右，乐观的情况下，人潮密集时，一天可以运行 15~20 趟，一辆小型的无轨小火车在 15~20 天左右就能够回本。即使慢一些，人潮比较密集时，一个月收回成本也是可以期待的。中型和大型的无轨小火车的回收时间会长一些，在 20~40 天、60~80 天。总体来说，在游客量保证的情况下，无轨小火车能够快速地收回投资。而且无轨小火车的维护相对简单，电池的维护与更换是较大的事宜，一般而言，厂家会有类似“电机质保终身，电瓶质保一年，轮胎质保一年，玻璃钢修补材料终身免费提供”的承诺，使得盈利之后的运营维护成本较低，至少有一年半以上的纯利润时期。相对来说，在人流量比较有保障的景区，有轨小火车是一笔较为可靠的投资。

2. 有轨小火车的回报测算

从目前天佑铁路科技有限公司的实践来看，在能够有效控制成本的情况下，有轨小火车的回报是比较客观的。例如，内蒙古响沙湾景区 2010 年第一期小火车投资 250 万元，建设单线有轨小火车（见图 4-18），全程 1.2 千米，762 轨距，小火车 160 座，在 2010 年 8~9 月的运行期间就收回了投资，成了最成功的案例之一，其后该公司又扩建复线，增加 2 套小火车，在公司收回投资后，小火车已经实现免费。

图 4-18　响沙湾有轨小火车

（来源：浙江天佑）

缙云笕川花海，小火车初期投资 200 万元，600 毫米轨距，全长 1.7 千米，门票 30 元，作为该区域的第一个花海，也是一个月收回小火车投资。成都松鼠部落小火车投资 80 万元，单线 0.5 千米，15 英寸轨距，小火车（18 座）2 套，票价 20 元。根据松鼠部落接近 50 万人次的游客流量，也可以推算出应当能够很快地收回投资。大型的投资，如兰陵国家农业公园，环线 5.5 千米，762 毫米轨距，160 座观光小火车 3 套，票价 30 元，小火车总投资约为 1000 万元，2 年左右的时间收回投资。

总体来说，根据景区的游客流量，流量大的景区积极利用有轨小火车做二次消费，能够有效地将游客转化为收入，在人流量特别大的景区这种转化特别明显。小型的有轨小火车一般整体投资在 200 万 ~400 万元，两套火车，每套乘客数在 20~30 人，小火车票价在 30 元左右，前期人工和维护都较低，一般 10 万人次游客就能够收回，在游客数量超过 50 万人次的景区，或者亲子人群占比较大的景区游客数量超过 30 万人次，就能将这个游客量转化出来，在一些游览较为集中的花海、农田、沙漠景观中，也非常容易实现成本的收回，成本一旦收回，后期的盈利就随之而来。

比较大型的投资，如兰陵国家农业园及鲁家村这种类型的，回收周期会比较慢一些，关键要看园区的景观及游客的转化率。一般而言，有轨小火车项目尽量在 3~5 年内收回投资，而一般 3 年后相应的车辆维护会有一定的增加。

三、小火车项目应用注意事项

第一段重点介绍了小火车的应用场景，第二段介绍了小火车的投资与回报测算，可以看到，在未来小火车的应用场景还会越来越多，随之而来的问题就是小火车的应用注意事项，从实践中及已有的案例来看，小火车的应用要注意以下几方面的问题。

（一）分期进行，第一期项目着重于测试与回收投资

无论是无轨小火车还是有轨小火车，都可以分期进行，无轨小火车第一期可以先从中、小型车辆入手进行测试，注意相应的游客消费转化率，如果转化率高，投资回收快，可以加大投入，增加运力。

而有轨小火车，就更应该注意项目投资的控制。有轨小火车由于投资巨大，成本低的也需要 150 万 ~200 万元 / 千米，平均时速在 7~10 千米 / 小时，根据业内经验，项目第一年，很大的一块使用群体就是临近城市的群体，这些群体坐小火车是体验需要，时间可以控制在 10 分钟左右，也就是坐过小火车就可以了，所以首期建议短程，争取早日回收部分成本。按照这个标准，首期的有轨小火车在 700~1000 米就可以了，再长一点，在 1500 米以内就绰绰有余了，从实践来看，短距离的投资确实比较容易收回投资。

同时作为一个营收项目，小火车项目比较受旅行社和导游欢喜，而且作为景区游线产品，小火车旅游由于时间可控、统一行动也比较符合旅行社选点要求，因此在客群方面，如果旅行社渠道收客比较多的景区也是可以考虑的。

有轨小火车的优点就是可以延拓，可以分期。先期门票收取，收回投资，

可继续投入，后期全部收回投资后，可以免费转为景区的特色交通。

（二）场景与流量，是重要的前提

小火车项目是一种场景型的项目，要有比较明确的场景才能使用小火车，而不能只是为了小火车而小火车，为了增收而盲目上项目，小火车是特定场景下的产物，必须以相应的场景为依托。

大流量是小火车项目的前提，或者在上小火车项目前已经能够预测到有较大流量，上小火车项目，尤其是有轨小火车项目才是正确的选择，小火车项目是流量转化的重要途径，本身没有流量的景区，不建议上马小火车项目，因为小火车项目不是一种引流项目。

（三）体验时长要控制，时间与效益要测定

第三个需要说明的就是尽管很多的游记中吐槽小火车项目时间太短，有些意犹未尽，但是由于小火车项目本身的空间局限性，使得游客不能够自由活动，事实上处于受约束状态，这种状态加上相应的场景设置，最开始还能让游客处于一种兴奋状态，但是一旦感官刺激下降，就会产生审美疲劳，并对受约束状态产生不满。因此 10~20 分钟是小火车游程的一个比较好的舒适阶段，过长或过短都会产生不愉快感，同时过长或过短都是不经济的，游程过短单位长度的投资过高，过长则总体投资过大，因此时间与效益要均衡。

结语

小火车项目已经成为许多网红景区的重要流量转化项目，它本身也是网红景区标志物之一，本书对小火车这一网红项目的场景运用、成本估算及注意事项进行了探讨，希望景区运营者能够在实操中重视小火车项目的作用，并更好地运用它。

第五节　摇摆桥，低成本、高热度的场景营造

摇摆桥是 2018 年突然蹿红的项目，其中最经典的就是“五一”期间汝州

硕平花海的“网红桥”（见图 4–19），网红摇摆桥的投资低廉，造价在 5 万 ~8 万元，结构也非常简单，这个投资可以说是非常小，只需要水池与摇摆桥两大构成即可，从现实的效果来说，网红摇摆桥的实际效果却出乎意料地好。本节将从摇摆桥为什么能火、有什么用及怎么用三个方面来探讨这个网红项目。

图 4–19 硕平花海摇摆桥

（来源：视觉中国）

一、摇摆桥为什么能火

摇摆桥为什么能火，因为平常的人群里存在两种人：一种就是爱炫耀、爱展示或愿意在自己的领域展示自己，不介意别人目光的人；另一种是爱看热闹、有点喜欢幸灾乐祸的人。前一种人愿意挑头展示，愿意在自己擅长的领域里亮相，即使不擅长某领域，只要能收获目光，也不介意被围观，他们“爱出风头”，人越多越嗨。后一种人就是所谓的“吃瓜群众”，爱看热闹，自己不一定参与，但是看到别人“出洋相”、现丑、失误，会获得满足感，这类人群广泛，通常会在水池边围观，并拍摄视频进行传播。

摇摆桥同时满足了两种人的需求，爱炫耀、爱展示的人群能够主动走上摇摆桥，或者在重赏之下走上摇摆桥，他们来源于游客，在桥上的“素人”表演更能让围观者产生认同；而桥上的人在摇摆之下，不断地落水的尴尬，又满足了周边看客幸灾乐祸的心理，这就使得网红桥能够爆红，还能够持续红火。

二、摇摆桥有什么用

摇摆桥虽然很火，但是也是有使用情景的，它不具备以下两个作用：首先，摇摆桥不是一个引流项目，所以不要指望通过摇摆桥来增加景区的流量，它对流量的拉动非常有限。其次，摇摆桥不是一个二次消费项目，所以不要指望摇摆桥来实现景区的二次消费增加，它对景区二次消费的拉动力度也不大。

那么，摇摆桥是用来做什么的？摇摆桥有三大作用：①形成热点、制造集聚；②消磨时间、提升满意度；③制造话题、引爆营销。

摇摆桥第一个作用在于形成热点、制造集聚。摇摆桥能在景区形成热点，能够迅速地聚拢人气，在景区能够聚拢人气，能够形成热点，就能够形成景区的辨识度，这一点来说，对于景区有着相当的好处。

摇摆桥第二个作用就是消磨游客在景区中的时间，虽然消磨时间既不能直接产生二次消费，但是能够消磨游客的时间，就能够让游客间接产生餐饮等方面的需求，而且能让游客停留下来，就不会让游客产生景区没什么项目的感觉，这也是非常重要的，能够让游客在一段时间内提升愉悦度，进而对景区产生满意。在游客聚集的情况下，实现游客时间的消磨和提升满意度，有利于景区的间接二次消费和景区的重游。

摇摆桥的第三个作用其实在营销方面，摇摆桥能够制造话题，还能够引爆营销。以汝州硕平花海为例，汝州花海有花海、有玻璃廊桥、有摇摆桥，最终实现引爆效果的是它的摇摆桥。摇摆桥的话题，可以由桥上的人来决定，如汝州硕平花海与湖南卫视合作《摇啊笑啊桥》（见图 4–20），诸多明星在摇摆桥上的对抗，使得它更具话题性，能够持续引爆。未来甚至还可以新郎新娘装扮、红黑装扮等不同角色在上面对抗，从而引发话题。

图 4–20　湖南卫视《摇啊笑啊桥》

（来源：该节目截图）

三、摇摆桥怎么用

是不是在任何地方放一个摇摆桥都能火？

很多景区试过了，结果千差万别。

那么摇摆桥怎么用呢？

（一）摇摆桥应当在有一定客流的景区使用

因为摇摆桥本身不是一个能够引流的项目，因此摇摆桥适合在本身就有一定客流的景区中使用，作为提高景区体验、消磨游客时间和提升景区满意度的一个项目存在。

景区本身需要有一定客流的另一个原因就是愿意上桥的人数是少数，要有足够的游客人数，才能从中找出愿意上桥挑战的人。如果是本身游客比较少的景区，可能连愿意挑战的人都凑不齐，项目就难以展开了。

（二）要有氛围烘托，要有组织还要有主持、“托”与粉丝

摇摆桥项目需要相当的氛围烘托，需要配合相应的背景音乐来配合，同时非常重要的是这是一项需要组织的活动，岸边要有能够调动气氛进行解说的主持或组织者，能够解说情形，形成良好的互动。

同时摇摆桥还需要“托”，在最初项目开始的时候，需要“托”从游客中出来调动愿意上摇摆桥的游客，当调动成功后就形成了良性循环。

当然，作为一项娱乐活动，如果在景区当地有一批粉丝，能够较为专业地驾驭摇摆桥，并定期地进行表演，或者能够作为被挑战者，这种效果是最好的，目前网上比较火爆的视频也是由这些人贡献的。

（三）要与挑战结合，需要相应的激励配合

摇摆桥作为一个项目，还需要与挑战结合，需要设置相应的激励策略，赢得摇摆桥的人能获得比较不菲的回报，诸如免门票、免单，甚至还能获得相应的奖励，这样才能够让一座网红桥变成一个经典的娱乐项目，从而赢得粉丝。

甚至还可以像汝州花海的摇摆桥一样，逐渐以此为依托展开摇摆桥挑战，将影响力从景区扩展到区域及全国，形成经典品牌项目。这样就把一个简单的网红桥做成了真正的持久项目。

（四）摇摆桥是水上项目，需要注意冷热

摇摆桥是一个水上项目，因此水上项目在不同的地区也有它的季节性，需要注意摇摆桥的季节性问题，进行相应的调整变化。

（五）变换场景，还可以创新使用

摇摆桥的形式还可以多种多样，如桥体的宽窄、桥体上的材质等都可以变化，桥体本身也可以创新，这样能够使得场景有一定变化。

变换池里的水，也可以产生别的效果。例如，将池里的水变化为海洋球，再在池边及池底进行足够的安全处理，就可以应用在儿童亲子项目中。还可以将场地变化到室内，在恒温条件下使用，既可以在北方寒冷冬季使用，又可以在酷热难耐的南方盛夏使用。如果将桥体增加荧光效果，就可以制造夜景，使得摇摆桥也能成为夜景的一部分。

结语

摇摆桥是一个投资非常低的项目，摇摆桥能够带来良好的营销效果，能够积聚大量的人群，还能消磨时间实现提升游客满意度，但是它不是一个引流明显的项目，要注意它的适用场景及现场活动的组织。摇摆桥是一个景区小项目，却有大作为。

第六节　呐喊泉，小项目大创意

前五节陆续介绍了玻璃（廊）桥、各类滑道、热气球、小火车、摇摆桥网红项目的场景需求、投资与回收测算，这几个项目除了无轨小火车、热气球、摇摆桥比较便宜外，其他的项目都造价不菲，动辄上百万元，其投入也需慎重，其产出也需精准地计算。本节介绍的这个项目却造价非常便宜，但是其轰动效果却一点也不输之前的项目，同时这个项目不是二次消费项目，却能够为景区带来很好的人气聚集与欢乐效果，它就是呐喊泉。

呐喊泉的成本造价在 5 万元起，通过声控装置调节喷泉喷水的大小、高度、时长等，游客参与进来，呐喊的声音大小、时长决定了呐喊泉的喷射效果，从而实现游客与项目的互动。呐喊泉的投资很低，应用要依靠创意，做得好，也很容易成为低价爆款旅游项目。呐喊泉的高度可达15~60米，使用特殊装备下还可以更高，这个高度已经非常能够引人注目。本节将从呐喊泉的作用、目前应用场景与可能创意三方面来探讨这个网红项目在景区中的使用。

一、呐喊喷泉的作用

呐喊喷泉不是一种引流型的项目，人们不会因为呐喊喷泉而专程前往景区，同时呐喊喷泉也不是一种二次消费型的项目，因此有景区将呐喊喷泉圈起来用以收费，实践营收效果不佳。它与摇摆桥类似，是一种景区集聚和景区的话题制造型项目，呐喊喷泉可以适用于多种场景，能够提高场地的利用效率，它具备以下作用。

（一）形成景区游客集聚、引发围观

呐喊喷泉可以在短时间内形成游客集聚，因为呐喊喷泉的操作简单、效果明显，一般情况下，只要现场稍微有组织，就能够聚集大量的游客，这一点上呐喊喷泉可以说算是低成本、高集聚效果的重要构成。

在某些需要人群集聚的场合，可以使用呐喊喷泉实现这一效果。例如，景区购物街附近通过呐喊喷泉，有效地实现人群的集聚，再通过一定的形式将这些人群向购物区附近转化。或者是景区餐饮或者花灯等附近，能够在人群聚集后，比较好地实现二次消费转化。

（二）互动参与、创造话题

呐喊喷泉的参与方式既可以是有麦呼喊也可以是无麦呼吼的形式，呐喊喷泉因为其简单易操作，不论男女老幼都可以参与，作为一个互动项目在景区中能够收到较好的效果，而且能够带来创造话题的效果，能够实现景区制造话题的目的，能够创造新的营销点。

（三）舒缓压力

对于压力巨大的都市人而言，繁重的都市压力需要进行相应的舒缓，大声呐喊被证明是一个有效的疏解途径，而呐喊喷泉很好地为这一功能提供了场景，不仅提供了场景，还有特别水流喷射效果，让人心情愉悦。

（四）搭配成景

静态的水景或者平淡的水池很难引发人们的关注，但是呐喊喷泉带来的动态效果却能够很好地弥补这一缺憾，与静态景观一起搭配，从而凸显其动态的

效果（见图 4–21）。

图 4–21 呐喊泉与景观结合

（来源：马蜂窝）

二、呐喊泉目前的应用场景

呐喊泉也有诸多的应用场景，其中最主要的场景有三个，分别如下。

（一）音乐喷泉内或水景观附近，提高场地聚集

音乐喷泉因其运营耗费大，而且编程相对单一，一般的播放时间在 10~15 分钟左右，能够短时间引起人们的聚集，但不持久。水景观因其呈现的静态观赏效果，很难能够引起人们的聚集。

在音乐喷泉和水景观内设置呐喊喷泉，可以在音乐喷泉没有开启或者水景观较为单调的情况下，引入呐喊喷泉，可以提高音乐喷泉或者水景在音乐间歇时段或者水景间歇时段的利用效率，能够聚集游客，提高场地的利用效率。

（二）能够形成集聚核心，为二次消费创造可能

二次消费也需要人群引导，需要形成聚集核心，然后人们能够靠近核心而聚集，从而在核心周边形成良好的消费场景转化条件。例如，景区的饮食、购物点附近，可以营造相应的呐喊喷泉。首先能够聚集人流带旺区域，其次也是明显的标识，这种核心标识能为游客提供指向。此外，作为互动类项目，能够为二次消费排队人群提供消磨时间。呐喊喷泉很好地起到集聚人群的作用，然后二次消费场景的引导性增强一些，就会将这些逗留人群转化，从而为二次消费创造了可能。

（三）强调挑战现场效果，引发强势宣传

呐喊喷泉是一项可以互动参与、引发挑战效果的网红项目，目前的情境下，可以适应新媒体的发展，呐喊者挑战视频在新媒体，尤其是在短视频中的传播非常迅速，在景区的适当引导下，可以在需要重点呈现的场景中进行呐喊喷泉的布置，起到利用相应的短视频进行景点景区强势营销的目的。

三、呐喊喷泉的创意方向

呐喊喷泉应用场景的三个基本要素是泉、人、声音。呐喊喷泉未来的创意方向也可以朝这三方面进行。

（一）泉的创新

目前呐喊泉的泉水本身主要体现在泉水的高度上，从 15~60 米，表现出泉水喷薄而出的震撼效果。而泉的创新则可以多种多样，可以从泉的位置、色彩、形式、所处空间等多方面进行创新。

从泉的位置来看，目前的泉大多位于水景或低洼，创新的创意可以将泉至于景区较高的平台或山包顶，一方面能够吸引人们前往山顶，另一方面呐喊喷泉形成的巨大高度，加上在景区的制高点形成的叠加效果，能够迅速地吸引人们的视觉焦点。泉的位置可以在山顶、可以在山腰、可以在洼地，可以有许多不同的变化，只要工程条件允许，在合理的造价内都可以尝试。泉的位置也可以变化，目前的呐喊泉都是从下往上喷，还可以从上往下或者从不同的方向进行喷出，以适应不同的需求。

从泉的色彩来看，目前泉的色彩还较为单调。事实上还可以使泉的色彩多样，或者泉结合灯光效果、荧光效果，使得呐喊泉在色彩上能够斑斓多姿。通过不同的泉的形式能够带给人们惊喜。例如，在景区中的呐喊泉可以设置 LOVE 形状的荧光线路，呐喊的同时点亮荧光，这类场景特别适合浪漫型的景区布置相应的景观，也能引动新生代的景象参与。

从泉的形式来看，目前呐喊泉多为一道水柱，呐喊泉还可以形成许多的形式，首先可以由一道泉变为多道泉，可以形成心形效果、音符效果、列阵效果……可以有多种画面效果呈现。

呐喊泉也可以与音乐喷泉形成互动，随着呐喊的音高、音低而变化。这一方面有利于改造原有的音乐喷泉，能够在音乐喷泉停歇的间歇也能有相应的活动内容，能够有效地提高场地空间的利用效率。

从喷出来的内容也可创新，既可以是水，也可以是彩带，可以是气球……换成不同的媒介，可以在不同的景区中使用，如喷气球及彩带很适合儿童亲子乐园中使用。

从泉所处的空间也可以进行创新，如可以从玻璃廊桥，可以从焰火中心，可以从溶洞景观等诸多的空间中进行呐喊泉的布置，让泉与景形成良好互动。

从泉的形式可以做非常多的创新，能广泛地适应场景的需求，其目的就是带来互动，带来相应的视觉效果。

（二）人的活动创新

目前而言，人在呐喊喷泉中的角色，除了呐喊者，就是围观者，整体的角色还较为单一，未来呐喊泉的创新也可以朝人的活动与呐喊泉结合方面进行。呐喊喷泉结合相关设备，还可以有诸多的人的活动创新，可以将人的活动进行设计。

可以将人的活动由岸上变为水中或水面、空中，在坐船或者桥上游玩的过程中，设计相应的呐喊喷泉区域，既增加游玩的乐趣，又增加了小惊喜。

在某些惊险活动中增加尖叫加喷泉效果，如激流勇进等水上项目中，这样能够在原有的效果基础上增加新的互动，让被动型的项目变为主动型的项目。

可以将单人呐喊变为团体的对抗活动。可以通过不同排组的喷泉在不同的方位按照不同团队进行相应的呐喊对抗。呐喊泉可以在水游乐场中，做成成排的水枪形式，可以通过呐喊者的声控，攻击对面的呐喊者，形成互动对抗。

还可以从呐喊的分贝、呐喊的时长、呐喊的规模、呐喊的接力等多种方式进行创新，人与呐喊泉的活动形式创新就是为了增加该项目的互动能力，让呐喊泉成为某些活动的开展道具。

（三）声音内容形式的创新

现在的呐喊喷泉主要是以提高分贝的“啊……”发声为主，实际上声音还可以有很多创意，如在情人节或者爱情类主题园区中可以大胆地改为“我爱你”，也可以强调某个特定词汇的呐喊，这些呐喊的内容可以变化。

声音的形式也可以变化，可以利用声光电效果将声音的表现形式丰富化，使音波呈现出不同的形式，从而给游客带来新鲜感。

声音的表达也可以发生改变，如可以随机变成语音转化，将人声转化为动物声音，或者波浪声音，或者其他的声音；也可以将声音的大小进行相应的转变，从而提升呐喊泉的喷射效果；还可以将喊话的内容随机转变成其他话语，从而产生幽默搞笑的效果，这些都是能从声音方面进行的创新。

结语

呐喊泉是一个投资非常小的旅游项目，它的投资虽小，却能够带来人群的聚集，能够营造景区二次消费场景的导入口，能够形成互动，能够带动营销。通过呐喊泉的不同形式的变换，未来还能衍生无穷创意带来更多的惊喜，是一种小项目、大创意的存在。

第五章

网红景区和网红城市案例分析

第一节　网红景区洪崖洞复盘

洪崖洞是什么？一夜之间，它就成了旅游爆款，在 2018 年的“五一”期间，它就是绝对的明星。《2018 五一出行趋势报告》显示，重庆洪崖洞一举夺得第二，热度仅次于故宫，此后洪崖洞的热度一直维持在较高水平，重庆洪崖洞也成了 2018 年旅游业界的第一网红（见图 5-1）。

排名	城市	景点
TOP1	北京	故宫
TOP2	重庆	洪崖洞
TOP3	成都	成都大熊猫繁育研究基地
TOP4	大理	洱海
TOP5	成都	锦里
TOP6	杭州	杭州西湖
TOP7	武隆	武隆天生三桥
TOP8	临潼	秦始皇兵马俑博物馆
TOP9	西安	西安古城墙
TOP10	泸沽湖	泸沽湖

数据来源：马蜂窝旅游网

图 5-1　2018 年“五一”小长假境内热门景点 top10

（来源：马蜂窝旅游网）

洪崖洞景区到底是什么？事实上，洪崖洞民宿风貌区是重庆市 2005 年重庆市政府的“八大民心工程”，总面积 4.6 万平方米，是国家 4A 级旅游景区，洪崖洞以最具巴渝传统建筑特色的吊脚楼为主体，依山就势，沿江而建，以“一态、三绝、四街、八景”的经营形态体现了巴渝文化休闲业态（见图 5-2）。

图 5–2 洪崖洞景区

（来源：时玉亮）

自洪崖洞建成，虽然也是重庆人喜闻乐道的地方，但是并未如朝天门一样成为外地人去重庆的标志性所在。然后 2018 年“五一”假期这三天之间，它就火了，恍如烟火，炫目至极。

洪崖洞这个本年度旅游第一网红现象背后的原因值得思量。十年不温不火，那是“70 后”“80 后”的含蓄，而一朝爆发，则是“90 后”“00 后”的颠覆，是新生代的崛起。而且新生代有 3.5 亿左右的基数，势不可当！正因为 3.5 亿左右的新生代力量在崛起，因此才有日前洪崖洞爆红的现象，但这种爆红也是有路径的，本节将重庆洪崖洞作为重点案例进行分析，解析它的爆红经历，从而为分析新生代旅游爆款的打造提供参考。

一、大众传媒时代的本地名片（2000—2015 年）

洪崖洞区域之前是江边一片高低错落、参差不齐的民居，破败不堪（见图 5–3）。2000 年开始城市更新，小天鹅集团中标后，实质性推进，最终建成了摩崖联排吊脚楼这种结构，在“70 后”“80 后”主导话语权的年代里，因为拆除江边民俗建筑，还曾被“70 后”“80 后”在城市规划舆论聚集地 ABBS 上大肆批判，其标志性的吊脚楼雕塑还曾在 2012 年在网上被评为“全国十大最丑雕塑”。

图 5-3　改造前的洪崖洞

（来源：悟空问答，感谢大 V“城市密码”）

改造后的洪崖洞片区干净整洁且夜景非常漂亮（见图 5-4），灯光掩映下，明媚动人，为重庆的夜间经济发展带来亮色。同时，重庆本身市民文化的顽强，自娱自乐能够撑起这一片区的观光及游玩。以往洪崖洞片区虽然一、二层的业态较为冷落，三层百业工坊亦差强人意，但是四层的重庆特色美食却是人潮涌动的地方，九、十层也是人潮涌动，十一层观景平台也是极好的，并且与解放碑紧密相连，也比较热门。这就使得洪崖洞在 2006 年开始逐渐成为重庆本地较为火热的休闲片区。

图 5-4　改造后的洪崖洞白日景观

（来源：视觉中国）

虽然在大众传媒中时常出现，其后又搭上了重庆文化向外拓展的步伐，但是以传统“70 后”“80 后”为主要受众的群体并未将洪崖洞带至大红大紫，它是重庆人喜闻乐见的夜间休闲场所，与朝天门、解放碑一样是重庆的地方名片，但还不如二者在全国的名气大，因此当时的大众传媒并未让其声名显赫。

二、自媒体时代与新生代带来的 IP 形象转变（2015—2018 年 3 月）

2015 年开始，自媒体时代带来去中心化的效果开始显现，新生代在自媒体时代将自身的特征开始释放。首先是圈层化信息获取渠道的发酵，这一时期，知乎是“90 后”“00 后”了解“权威性”与“个性化”知识的重要渠道，在知乎上开始有人探讨洪崖洞与《千与千寻》动画中“汤屋”（汤婆婆的澡堂）的形象接近，进而二者之间有更多的相似点被网友寻找而出（见图 5–5、图 5–6 和图 5–7）。

前几天在知乎见大家讨论，夜色中的洪崖洞像千与千寻的不可思议之镇，大家可以把拍的照片po上来看看?

素白：刚从洪崖洞回来，刚看到这个答案，请原谅我的渣技术 今晚的重庆有点冷 阅读全文 ∨

▲ 11 ▼ 1 条评论

重庆洪崖洞仿的千与千寻还是是巧合呢?

安东源：首先，洪崖洞是根据川东吊脚楼民居来的，洪崖洞之前的民居就那个样子，可以说和千与千寻没有关系，当时的人也不会去想到抄袭动漫。像千与千寻... 阅读全文 ∨

▲ 2 ▼ 添加评论

图 5–5 知乎上部分关于洪崖洞与千与千寻的探讨

（来源：知乎，作者截图）

图 5–6 现实中的洪崖洞 VS《千与千寻》中的汤屋

（图片来自网络，感谢大 V 虫野）

图 5–7 现实中滨江中的轮船 VS《千与千寻》汤屋前的轮船

（图片来自网络，感谢大 V 虫野）

在此过程中，经过两年左右的发酵，洪崖洞开始转变传统的重庆夜游景点的形象，而与顶级的大热 IP《千与千寻》产生了联系，以至于网络开始流传洪崖洞是《千与千寻》取景地的说法（《千与千寻》于 2001 年 7 月上映，洪崖洞此时改造刚刚开始，夜景还停留在图纸阶段，取景地一说毫无根据）。这一时期的微信朋友圈与公众号也开始持续发力，继而洪崖洞的形象彻底发生改变，新的 IP 形象出现——“千与千寻”奇幻之镇。

洪崖洞 IP 形象的转变后迅速进入“90 后”“00 后”的视野，因为他们获取信息的圈层——知乎、微信公众号、微博已经在探讨这一问题，《千与千寻》是日漫经典，在二次元群体中影响巨大，作为善于挖掘冷门知识的新生代，以及标榜个性的新生代，这一问题迅速得到了他们的回应，在微信公众号中，将洪崖洞与《千与千寻》的关系坐实。这一轮新媒体之间的相互传播，知乎、微信、微博将一个传统的滨江夜景形象转变成了能够迎合新生代的日漫景点 IP 场景。

圈层化的知识获取让洪崖洞转变后的 IP 形象开始传播，但从冷门知识到实际游玩还有一段里程，马蜂窝承前启后，将 IP 形象开始转化为现实流量。从 2016 年开始，洪崖洞与《千与千寻》的 IP 已经深度关联，此时作为“90 后”“00 后”个性化出游的免费分享 App 开始推动现实旅游的成型。2016 年，不知不觉间，在马蜂窝旅游攻略中洪崖洞已经成为现实中《千与千寻》IP 地的旅游地，越来越多的照片曝光与游记开始呈现（见图 5–8）。日漫经典现实取景地的噱头足以让个性化出行的新生代们心动不已，而朋友圈的旅游分享、马蜂窝的游记分享又促使情感式认同强烈的圈层内其他成员前赴后继地去追寻。

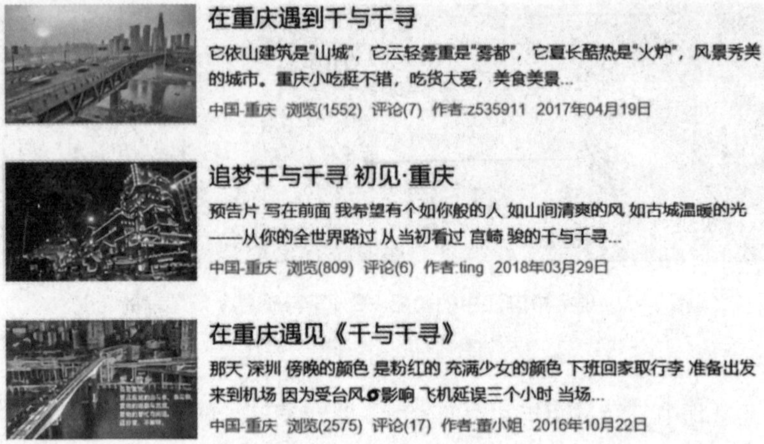

图 5–8　2016 年开始在马蜂窝的共享游记中洪崖洞依然成为新生代的《千与千寻》IP 旅游地

（来源：马蜂窝）

新媒体的持续孕量与新生代的不懈追逐，从 2016 年开始，洪崖洞的新 IP 助推其关注超越了解放碑、朝天门等重庆传统旅游地，开始了新 IP 的预热之旅。从图 5–9 的百度搜索指数中可以看到从 2011 年至 2015 年，洪崖洞的百度搜索指数与解放碑相持，甚至还略有不如，但是从 2015 年开始，尤其是 2016 年至 2018 年年初，洪崖洞的百度搜索指数稳步超越解放碑，说明新的 IP 已经开始发挥力量，而在这背后的就是新生代。这一时期微博微信公众号也在及时地跟进，使得洪崖洞的 IP 热度始终维持在较高位，但这一时期的传播一直没有冲出新生代的圈层，因此，即使洪崖洞的百度搜索已经超过了解放碑，但仍没有被全国广泛关注。

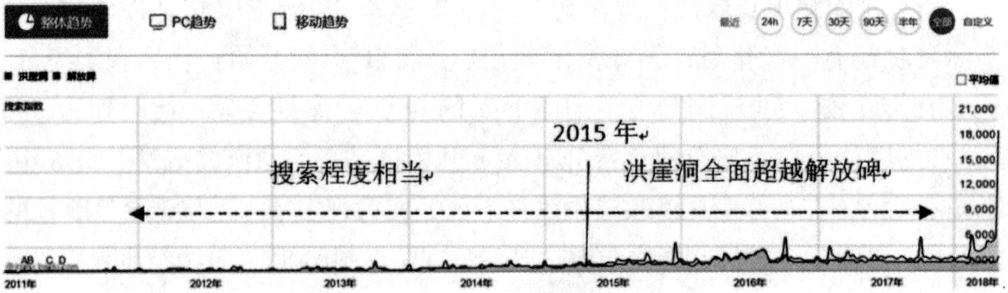

图 5–9　2011 年以来“洪崖洞”与“解放碑”在百度搜索中的比较

（来源：作者结合百度搜索指数自绘）

从2015年以来的IP形象转变、稳固，以及圈层式自媒体的持续供热，使得洪崖洞的旅游热度持续上升，积累至2018年年初春节，这种累积效应达到一个高峰（见图5-10），这一变化可以从这一时期的百度搜索指数看出来。

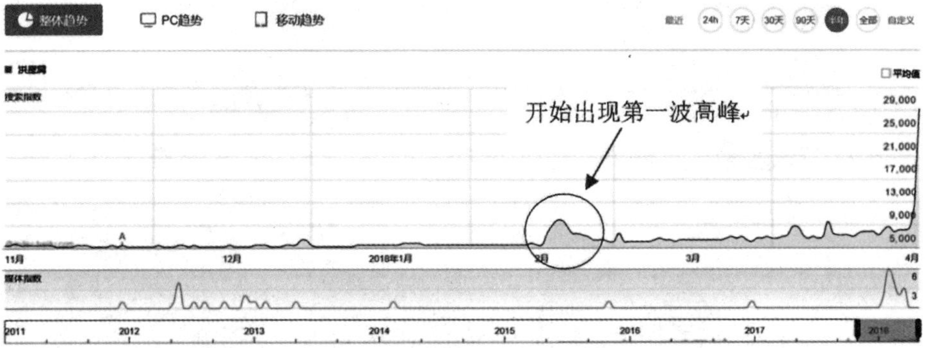

图5-10　洪崖洞在百度搜索指数中的第一波高峰出现在2018年2月

（来源：作者结合百度搜索指数自绘）

三、直播迭代与IP大爆发（2018年3—5月）

2018年3月开始，新生代迭代式消费开始呈现威力，尤其是在表达自我个性、自我情感与圈层认可度的短视频直播领域，在迭代了爱奇艺、斗鱼、bilibili、快手之后，凭借《中国有嘻哈》的强力推动，抖音迅速崛起于"90后""00后"群体之中，且快速地取代了快手成为自媒体短视频的首选App，带来了更加火热的关注。从2018年3月开始，洪崖洞《千与千寻》IP的热度开始超过前期的所有积累，大刀阔斧地前进。而抖音群体，高素质白领和在校学生群体，继承了知乎、马蜂窝、微信微博公众号的圈层式知识，以及个性化表达、情感式需求，在短视频迭代的过程将原有的洪崖洞《千与千寻》IP推向新的高度，这是一场移动端的盛宴。

从图5-11中可以看出，在百度搜索指数中"洪崖洞"整体趋势与移动趋势一致，与PC端不同，PC端占比也微不足道。这说明在洪崖洞爆红中，传媒整体的趋势已经彻底由移动端也就是智能手机主导了。

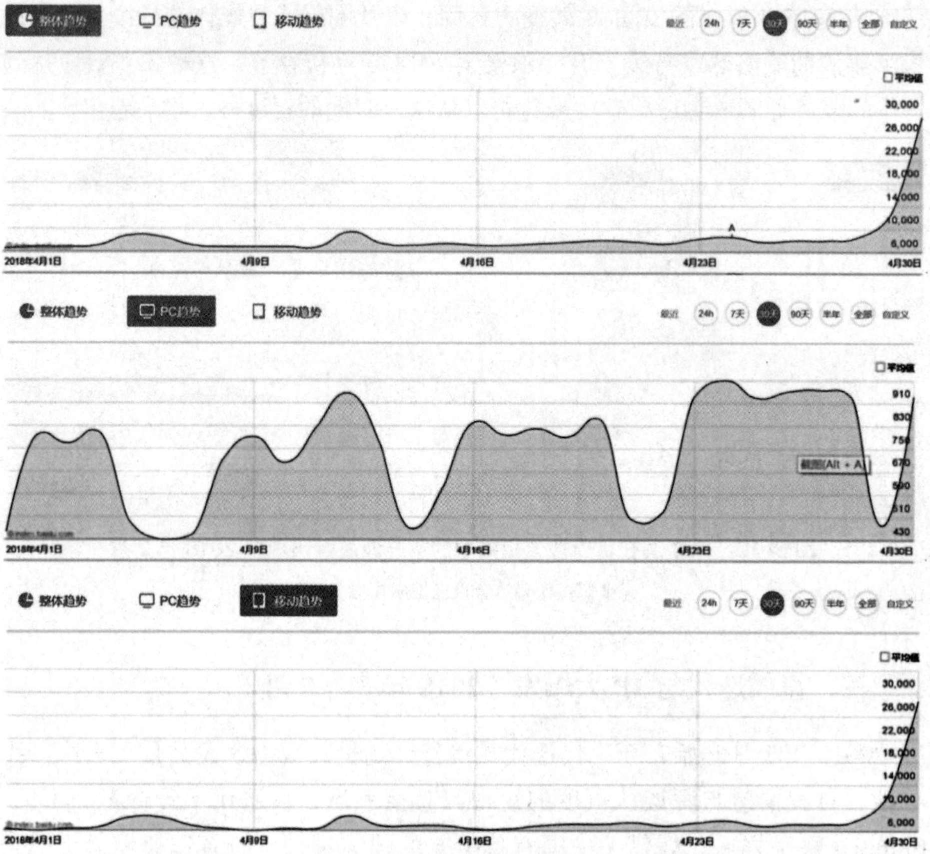

图 5-11 洪崖洞在百度搜索指数中整体趋势与移动趋势一致

（来源：百度搜索指数）

抖音的出现，比知乎和马蜂窝之间的两层转化更加简短，不需要 App 之间相互转化，在同一款 App 内“我见、我至、我拍、我传、我转”实现了一体化，视频流量直接变现为旅游流量，洪崖洞《千与千寻》打卡，成为抖音上的时尚潮流，这一波“自来水”，水到渠成。

加上 2018 年“五一”假期前，传闻洪崖洞景区即将收费的消息不胫而走，猝不及防的门票传闻形成了饥饿营销效应，唯恐收费的人们将抖音的营销效果叠加至微信朋友圈、微博圈、头条、各类公众号，焦虑感促成大规模人潮在洪崖洞拥堵；加上“五一”小长假的前一周马蜂窝、阿里、携程等旅游出行 App

的推波助澜，“自来水”在饥饿营销下变成了洪水，网络关注迅猛抬升。2018年“五一”节放假仅有三天的情况又使得人们的主要关注力集中于国内景区，各种因素叠加，最终促成了“洪崖洞”在五一期间成为2018年第一旅游网红。从图5–12可以看到，洪崖洞的百度搜索指数由4月27日的4000迅速升至4月30日的27000，增加了接近7倍。

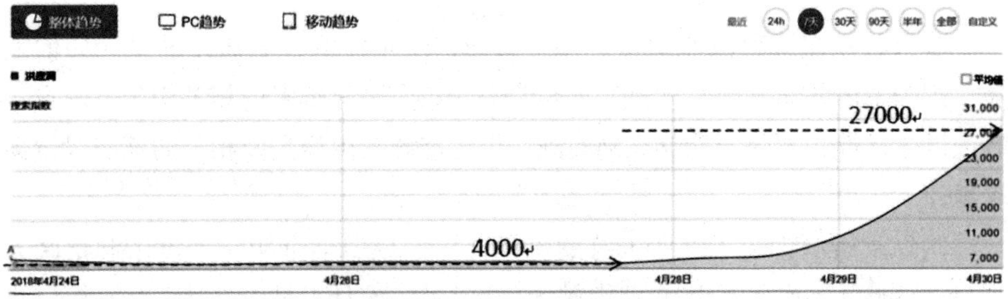

图5–12　“五一”节前洪崖洞关注度迅速升温

（来源：根据百度搜索指数作者自绘）

结语

从洪崖洞成为网红的前后复盘来看，新生代旅游力量介入前，洪崖洞完成了城市更新形成了独具特色的本地名片，是一处重庆本地的休闲聚集地。新生代旅游力量介入后，圈层式信息获取与个性化的旅游表达使得洪崖洞原有IP形象在被改变为与《千与千寻》IP强相关后，被新生代所迅速接受，并持棒传承，IP形象发生巨大更迭，在新生代直播App产品迭代的过程中，传播与转化一体化的抖音影响下，以及门票传闻、“五一”国内关注度提升等一系列因素叠加下，最终强势引爆了洪崖洞。从传播来看，IP形象的转变发生在知乎与马蜂窝（伴随微博微信头条等），流量需要二次转化，但爆发于抖音，流量一次性转化完成，但是没有前期的IP转变与积累，也就没有后续的大爆发。

没有无缘无故的网红，洪崖洞背后是十多年的积累。三个阶段，第一阶段是基础，第二阶段是迅速发展，第三阶段是爆发，三个阶段缺一不可，这是新媒体的成功，主要由新生代引导，只与移动端有关，PC端则依然远去。

第二节　洪崖洞何妨更火爆点

本节将再次探讨洪崖洞这一网红景点，看洪崖洞及其周边的景区如何发展，因为笔者并无基本的项目要求与参数约束，因此笔者的相关构想及观点有较大的主观性，不一定能够立刻实施，但是能够为洪崖洞及相关的部门提供参考思路。

网红洪崖洞创造了前所未有的流量，4 月 29 日假期第一天洪崖洞景区人流量达 4.8 万人次，4 月 30 日突破 5.1 万人次，5 月 1 日游客 4.7 万人次，整个假期游客数同比增长 120%。29 日晚 8 点 30 分，景区采取“只出不进”限流措施，但直到晚上 11 点，景区内还有近万名游客。“五一”期间的火爆让洪崖洞实实在在地在全国人民面前露了一回脸，未来洪崖洞如何往下走？网络上也一再传言洪崖洞将会选择在节假日收取门票，从而控制人流、更好地发展景区，但也有网友提出无论是凤凰古城还是丽江古城都在收取门票后开始衰落，不赞成收取门票。凡此种种，议论纷纷。笔者认为未来洪崖洞的发展可以有如下建议。

一、收费不可取，流量需保持

从已有资料来看，洪崖洞的最大承载量为 5.1 万人次 / 日，但洪崖洞的游客热点时段为晚上，在“五一”期间晚上 8：00~9：00 的瞬时人流量即达到 1 万以上，可以说承压非常厉害，重庆当地曾派出 400 多人在现场维护秩序，仍显得拥挤不堪，上山的电梯也因此水泄不通，导致部分游客认为体验感极差。因此景区节假日收费成为目前探讨的方案，内在逻辑是以价格作为调节手段，在增加收入的同时，进行分流，也有助于进洪崖洞的游客增强体验，这看似是一个一举数得的方案。但是这个方案并不可取，原因如下。

第一，不要迷恋流量，他们大都难以转化为消费客户。

虽然“五一”期间洪崖洞的人流量维持了 5 万人次 / 天的高峰，但是这些大都是通过抖音、微信、快手等自媒体而了解并涌过来的流量，也有因为“五一”期间报道洪崖洞而跟风过来的流量，这从图 5-13“洪崖洞”一词在“五一”期间搜索指数迅速攀升而节后却迅速回落是一致的。这些流量的本质都是“打卡”或“到此一游”，吸引他们的核心景观是洪崖洞的《千与千寻》IP 热门夜景，而非洪崖洞内部的业态。洪崖洞作为仿古的商业建筑群，本身对游客的吸引力有限，因此巨大的流量是停留于夜景观赏阶段、“一张照片足矣”的阶段。因此他们很难转化为洪崖洞的实际消费客户。

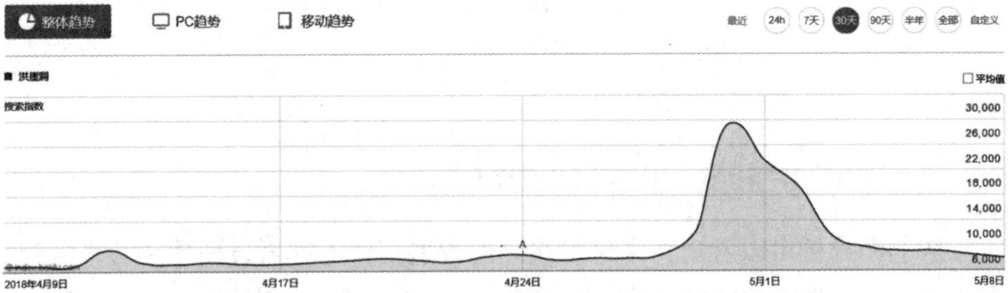

图 5-13 “洪崖洞”百度指数“五一”假期间迅速攀升节后迅速回落

（来源：百度搜索指数）

而一旦收费，则很可能将真正的洪崖洞的消费者拒之门外，因为洪崖洞真实的消费来自商业街、酒店、餐饮、娱乐、购物等，门票等于对这些老顾客与熟客的驱赶。因此，洪崖洞一旦节假日收费，很可能会给老顾客带来不可逆转的伤害。且流量型的游客很难带来商铺销售的增加，很容易造成旺景不旺铺的局面，在洪崖洞景区收入主体为物业收入的情形下，店铺收入受到影响将是未来对景区运营而言最大的伤害。

第二，流量为王的时代，流量本身就是最大的吸引点。

洪崖洞景区虽然是国家 4A 级景区，但它是拆除十八梯后的仿古景区，本身是缺乏文化底蕴的，缺乏独特性内容。在它外部形成的 IP 景观，成为它流量的源头。它本身以垂直商业街区为主，又是此处滨江路前往山顶的重要路径，才使得人们拍完照之后仍愿意进入洪崖洞景区。但它的景区内部实际上是垂直商业街区，这种商业街区由于地势落差及层级错落的关系，在吸引人流方面本身就有先天劣势。洪崖洞内部的商业构成也缺乏独特性，面临来自周边商业街区的巨大竞争，可以说生存不易。而对于商业街区而言，名气与流量本身就是吸引力。一旦节假日收门票导致人流量下降，也就意味着商业街区的衰落，所以任何缩减流量的做法对于仿古型景区而言都可能导致不可预测的坏的结果。

第三，个性化的时代，火爆本身也能成为个性化的标签。

回到新生代的旅游消费特征，个性化的消费中未尝不包括拥挤的体验，适度的拥挤反而可能成为洪崖洞持续火爆的标签与个性化的标识。新生代也可能发出感慨："鬼才知道洪崖洞为什么那么火爆，但我就是想去'打卡'一下。"因此在个性化的时代，"爆款的原因就是爆款本身"的逻辑也能形成闭环，一旦收费降低流量，火爆的个性化标签也就随之消失了。个性化消失，"自来水"就走开了，洪崖洞就离衰落不远了。

二、适应 IP 转变，做实 IP 内容引流

从上面分析可以看出，未来洪崖洞的发展不仅不能通过门票调节来限流，反而应当进一步推动洪崖洞的持续火爆。如何让洪崖洞更持续火爆，这就要回到洪崖洞爆红的原因：与日漫 IP 的《千与千寻》发生强关联，尤其是汤婆婆的"汤屋"形象。因此适应这一 IP 形象的转变就势在必行了。

目前而言，大量日漫迷将洪崖洞当成了日漫 IP 形象在重庆的汇聚地，但洪崖洞本身的商业业态却还是维持在比较传统与古板的形象上——商业街、茶馆、食肆、手工、特色商品，与重庆其他的商业街区并无二致，与新兴的 IP 形象大相径庭。

要把带来大量流量的"自来水"，转变为洪崖洞实实在在的消费群体就需要及时的商业内容布局。而从整个重庆以及西南地区来说，漫画与相关领域的娱乐是深入人心的，重庆及西南地区积累了一大批的新生代漫画迷，他们却缺乏类似东京秋叶原一样的聚集地，缺乏集中体验式的场地，这就是洪崖洞的巨大机会。

洪崖洞本身关联的日漫 IP《千与千寻》形象，加上本次重庆旅游火爆的原因也是酷似宫崎骏的《天空之城》，那么在洪崖洞内部经营较为惨淡的一、二层形成宫崎骏 IP 人物或事件展览，或者场景地塑造，相信能够更加吸引新生代漫迷的喜好，同时注入 cosplay 服装、人偶公仔贩售、漫迷天地、游戏乐园等，就能够打造中国西南的最真实漫画场景，并适时地举办相关的漫迷活

动、cosplay 活动、影迷活动、宫崎骏日漫活动等，并引入互动娱乐等相应的商业业态，这对于新生代的引流而言具有重大的意义。同时也能够让洪崖洞从内到外实现形象的转变与内容生产、经营场景的变化，抢占西南地区新生代漫迷圣地，通过 IP 引流让洪崖洞更加火爆。

三、做实引流业态，提升本地化消费

从之前的分析可以看出，本地化的消费是 IP 引爆的根本，因此如何让洪崖洞更加受本地欢迎成为重要的内容。

在不能扩展洪崖洞景区面积的背景下，内部挖潜就成为洪崖洞运营方必须面对的现实，综合评估目前的各层业态，对重要的引流商户做出相应的评估，对于引流不利的商户应当地出一定的限制或者动态调节，实现退出机制。业态的精细化、各层的主题化、品味年轻化与时尚化成为运营的关键，这样才能最大化地挖掘洪崖洞商业潜力，并使得本地消费更上一层。

洪崖洞运营方也应当更加积极主动地进行相关活动的开展，积极地与新生代消费圈层联系，让新生代的活动在洪崖洞举行，这样才能有效地介入这一庞大群体，才能持续不断地迎来新群体，并促使这一群体由流量转化为消费，从而带来实实在在的效益。

只有切实地做好内部引流、优胜劣汰，接地的本地化消费，才能持续地在本地形成较高的口碑，从而迎来周末及平时的火爆。

四、火爆的负面影响，精细管理手段化解

如果洪崖洞更火爆些，是否持续的人流会降低体验感受，引发景区的负面效果？其实要明确几点：第一，像 2018 年“五一”这样的场景很少；第二，人流火爆会助推商业街区的发展；第三，人流火爆带来的负面影响很多与管理低效相关。

第一点，正因为像 2018 年“五一”这样的火爆场景很少，所以不必杞人忧天。相反火爆过后，维持火爆才是最难的，从搜索的急速下降就可以看出，网红的凋落也很快。第二点不用赘述。第三点，从许多城市综合 shopping mall 的情形来看，往往比洪崖洞的流量还要大，如深圳壹方城开业人流达 40 万，却井然有序，这其中精细化管理居功至伟。那么未来提升洪崖洞高峰人潮时的

精细化管理就显得尤为重要，而推脱人多则是运营方管理不力的借口。

结语

网红景区要分类看待，它是遗产型还是自然型，或风俗型，抑或是仿古型……不同的类型对于流量的要求不一样，不要对流量“一刀切”，有些需要控制流量，有些却需要持续引流，需要区别对待。

本节从洪崖洞纷纷扰扰的发展观点出发，反对通过收取门票来限流的懒人思维，提倡适应新的IP形象，设置符合形象的消费内容，做实引流商业，带动洪崖洞更进一步的火爆，并通过精细化管理手段化解相关的负面影响，从而让洪崖洞能够在新生代消费群崛起后迎来更好的发展。

第三节 重庆何妨更魔性些？网红景区效应扩散

上一节主要探讨了洪崖洞本身未来的发展，在景区受到周边土地及地形限制的前提下，已有景区挖潜成了基调，因此反对限流、积极引流、适应新IP形象做实内容、积极改善运营管理来对洪崖洞景区进行提升成未来洪崖洞这一网红景区的出路。但洪崖洞本身的发展只是一个景点景区的选择而已，只有未来在大环境方面更加火爆的发展才能让洪崖洞此时的现象不再成为孤例，而是会持续不断地涌入游客。因此将重庆整体的旅游发展作为本次网红洪崖洞系列的收官之作，主要目的也在于阐述一个简单的道理，只有整体环境优越，才能让个别景区更上一层楼，否则任何网红都会只是昙花一现而已。

在2018年“五一”假期，重庆与西安成为两个网红旅游城市，除了第一网红洪崖洞，重庆还有其他几个网红景区赫然在列：①长江索道；②轻轨李子坝站（“穿楼轻轨”）；③鹅岭二厂；④奥陶纪玻璃桥（第一玻璃桥）；⑤磁器口。这些网红景点共同支撑了此次重庆火爆的旅游，那么未来洪崖洞及其周边的渝中区如何发展，是否能够为重庆旅游带来新的形象定位？

本节以洪崖洞依托的渝中区为策划主体进行论述，渝中区是重庆的政治、经济、文化、商贸中心，地处长江、嘉陵江两江交汇，两江环抱、形似半月、山水相依，重庆得名“山城”“江城”即源自于此，解放碑、朝天门、洪崖洞、若瑟堂、湖广会馆、过江索道等景点景区云集于此。做好渝中区的未来旅游发展，有利于推动重庆在网红之后继续火爆。

本节认为重庆何妨更魔性些，从水、陆、空三位一体打造渝中区旅游，做实“魔幻重庆、天空之城”。

一、空中发力，筹谋不一样的体验

重庆与全国其他城市截然不同的是它的城市落差，整个城市依山就势而建，因此山、江、城带来的立面感，让重庆成为独一无二的所在，而渝中区更是浓缩了这些特性。因此从空中发力，筹谋与其他城市不一样的体验是未来重庆渝中发展的重要路径。

（一）玻璃桥、玻璃观景台、过江大桥、栈桥构筑立体观景平台

城市玻璃桥及玻璃观景台可以在山顶及山腰位置建设，利用玻璃桥及玻璃观景台形成较为新潮与刺激的空中观赏整个长江美景的机会，而且玻璃桥与玻璃观景台无论从空中、地面、江面看都极具有景观效果，空中观赏具有刺激性，地面与江面因其折射阳光，能聚焦人们的视野。打造城市玻璃桥及玻璃观景台体系，加深山城的观赏性与刺激性（见图 5-14）。

连通渝中区过江大桥主要为千厮干大桥与东水门大桥，在 2018 年“五一”期间，千厮干大桥就临时关闭机动车道，从而为游客拍摄洪崖洞景观提供了绝佳的便利。尽管只是一项临时行为，但过江大桥能够给游客带来的空中体验感是一般的景点景区所不具备的，因此加强过江大桥的景观性，有利于加强重庆的空中体验感。而过江大桥加强景观性方面莫过于夜景的营造，全力打造千厮干大桥和东水门大桥的夜景有利于呈现不一样的夜间空中景观。

图 5-14　城市玻璃外沿极限运动

（来源：视觉中国）

栈桥的营造与装扮，则是为了将景观延伸至水面，让空中观赏水面以及水面观赏岸边更具有景观层次感，同时将栈桥深入江中，能够拓展滨水空间（见图 5-15）。

图 5-15　栈桥效果图

（来源：视觉中国）

（二）长江索道、空中回廊、垂直观光电梯、云轨构筑空中交通体系

构筑空中交通体系，有利于营造人在天上走的意境。而以山城为依托，可以发展的空中交通体系则包括长江索道、空中回廊、垂直观光电梯、云轨等交通方式。

长江索道是渝中区空中景观怀旧的重要构成，从渝中区小什字到南岸区上新街，长江索道成为重庆空中观景的重要体验，目前长江索道已经是人潮如织的经典景区，成为重庆空中览胜景的打卡之处。在不能够扩大长江索道规模的情况下，加强它与周边空间的连通性，成为目前的最主要的改善方向，拓展空中观景的延展性，并适时地改造长江索道的造型，增强索道的体验性。

在解放碑步行街周边学习我国香港地区中环的空中廊道的做法（见图5-16），将代表性的商业业态裙楼用廊桥、玻璃桥等相连，形成环形的空中步廊，在增强空中的可行走性的同时，将解放碑区域由地面一层业态拓展为一层二层结合的商业业态。一方面解决了重庆炎热的气候下如何清爽逛街的问题；另一方面也形成了空中的无间断商业通道，打通了大型的商业 mall、写字楼，形成了凉爽的封闭空间。此外，还有利于人车分流，形成更好的购物环境。这样二、三层可以形成闭合的商业购物环境，而地面则适合户外活动，适合重庆美食。这样增加了重庆解放碑附近的容量，开拓了二层连廊与二层商业空间。同时将廊桥结构与外围的洪崖洞、小什字等充分连接，带来人流的引流与分流，实现各片区流量的相互促进。

图 5-16　香港中环空中走廊

（来源：视觉中国）

在江边栈桥、码头、玻璃观景台等附近设置垂直观光电梯（最好与物业结合），形成能够实现立体观景的垂直通道，同时又能够将各处特意设置的观景点加以连接，组成山城独有的电梯观景体系（见图 5-17）。

图 5-17　垂直玻璃电梯效果

（来源：黎杨斌）

云轨交通成为继地铁、城铁之后重庆的新选择，云轨、又称云中轨道，是比亚迪公司针对自主研发的跨座式单轨列车系统的一种别称，科学名称仍为单轨铁路系统。单轨系统中的轨道可以轻易建设在道路中央分隔带或狭窄街道上，不单独占用路面，属于运能接近地铁系统的中运量城市轨道交通系统。它具有爬坡能力强、转弯半径小、适应多种地形、噪声小、综合建设技术要求和总体造价成本低及施工周期较短等优点，是性价比很高的交通工具。通过云轨的建设，能够形成环绕整个渝中区的云轨体系，将洪崖洞、临江门、解放碑街区、八一广场、湖广会馆、朝天门等主要的景点景区相连接，解决休闲流动的问题。渝中区云轨的可能线路如图 5-18 所示，云轨效果如图 5-19 所示。

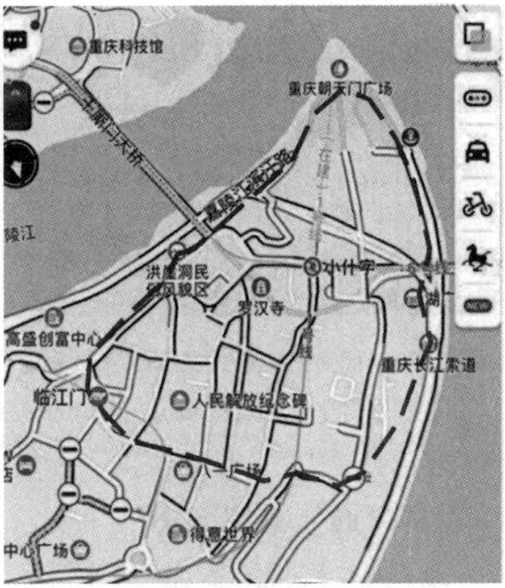

图 5-18　渝中区云轨的可能线路

（来源：作者自绘）

图 5-19　云轨效果

（来源：视觉中国）

（三）饰以灯光、创意夜景，打造梦幻场景

本次洪崖洞能够成为网红，还是因为其统一的夜景形象能够与经典 IP 场景发生联系，能够有明确的标识性，而除了洪崖洞片区外，整个渝中的夜景体系较为散乱，很难达到统一 IP 的目的，因此对于未来的渝中区而言，将城市建筑、山体与特色景观综合考量，打造从地面、江面、空中都能观赏的较为优美的夜景景观，形成“天空之城”的梦幻场景成为未来发展的方向（见图 5-20）。

图 5-20 优美的夜景是城市的梦幻场景

（来源：视觉中国）

二、聚焦地面，丰富交通体验层次感

相较于空中的多姿多彩，地面的魔幻效果来自地面交通的改善及连接性的增强，主要体现为四个方面：绿道体系增强步行连接性、公共交通体系增强交通效率、创新特色交通系统和人车分流体系增强体验感。

（一）绿道体系

尽管渝中区的地势落差较大，但是仍然可以打造集运动步道、登山阶梯、观光电梯、观景平台、空中廊桥、玻璃桥等于一体的绿道体系，使得整个渝中区有着环状开放的绿道体系，从而为休闲提供多种可能。

（二）升级公共交通体系

渝中区还有一个很大的问题就是交通体系的问题，当周末及“五一”“十一”等大小长假来临的时候渝中区的整体交通体系便不堪重负，因此升级现有的公共交通体系对于渝中区而言至关重要。

在升级公共交通体系之前，节假日的私家车辆限行势在必行，因为渝中的特殊地形，放开私家车进入，必然造成道路成为停车场的窘境，未来节假日的限行就需要提上日程。另外，部分道路，如靠近解放碑的部分道路限行，营造步行环境也很有必要。

公交体系及地铁体系的进一步完善，公交体系有利于最大限度地提升地面交通的效率，地铁能够最大限度地疏解客流，因此包括公交日卡、月卡及其他优惠政策在内的多种鼓励措施并用，增强它们的运营能力。另外，公交专用道等措施也可在适宜地段推出，从而提高公交效率。

（三）创新交通形式：复古有轨电车与复古街区的统一

重庆渝中有着浓厚的“民国”氛围，而代表“民国”交通的有轨电车是重要的创新交通形式，尤其是将有轨电车与部分的“民国”复古街区相结合，可以增强历史代入感，同时也可以形成重庆的特色街区（见图 5-21）。

图 5-21　复古电车

（来源：视觉中国）

（四）人车分流系统：构建更好的人车关系

在绿道、公共交通系统、空中步廊系统的基础上，构建出渝中整体的人车分流体系，让车辆运行更加通畅，也让步行体验更加流畅。在解放碑及附近区域，扩大步行体验区，而在外围地区，加大公共交通的对接体系。

三、功能置换，打造水上渝中新形象

空中与地面的提升能够带来重庆渝中旅游体验的全面升级，而滨水空间提升则能够拓展重庆的魔幻效果，重庆虽然做实了山城，却仍可在“江城”方面更具匠心，与江融合，开创水面空间。

（一）码头置换，朝天门片区的滨水空间提升

从千厮干大桥至东水门大桥间的朝天门片区，整整齐齐地分布着重庆港的一至十三码头，以及朝天门码头等一系列码头。而码头的重要性对于渝中区而言，地位越来越下降，且码头设置于此，对于物流的压力等都较大，因此，朝天门片区沿江码头陆续进行迁移的可能性极大。朝天门片区是能够最大限度地提升滨水景观、提升江城景观的区域，在沿江码头部分迁移后，城市与长江、嘉陵江的融合将提上日程，在此片区打造一个滨水城市，从而整体提升渝中形象将成为可能。

（二）沿江筑景、与江融合，打造水上渝中

深化渝中地区沿江筑景的形象，继续探索类似洪崖洞一类的特色型景观，同时通过栈桥、玻璃观景台、眺望台、观景塔等将江景引入城市之中。

加强江上活动与江面景观建设，游艇、邮轮等活动与岸上社区充分结合，充分加强重庆市民的参与，在水面上做文章，将水上渝中打造出来。

结语

本章从洪崖洞走红开始，探讨了洪崖洞走红背后的新生代旅游力量、复盘了洪崖洞走红的全过程，探讨了洪崖洞一类的网红未来的发展方向，讨论了新生代旅游生意应当如何开展，最后回到重庆，扩大网红影响，论述重庆渝中如何从水、陆、空三方面全面升级，全面提升未来城市发展，塑造“魔幻重庆，天空之城”。

第四节　郴州为什么会成为网红城市

“十一”之前问了下周边的朋友广东周边有什么好玩的，或者有哪些网红景区，结果得到一个答案：郴州。突然之间这个湖南不起眼三线城市就成了广东人眼中的网红城市，那么郴州为什么会红？

从百度指数搜索“郴州”可以发现，郴州的百度指数整体趋势从2011年的2100左右上升到2018年的3500左右（见图5-22），总体幅度不大，但是如果关注移动趋势，可以发现郴州的搜索指数从2011年的800左右上升到2018年的3500左右（见图5-23），可以说在移动端的搜索极大地支撑了郴州的搜索，尤其是2014年后，对郴州的搜索屡屡再创新高。可以说郴州就是在智能移动端崛起的，那么郴州的网红得益于什么？为什么会崛起？郴州的网红得益于新媒体传播，但在新媒体传播的过程中有四个方面至关重要。

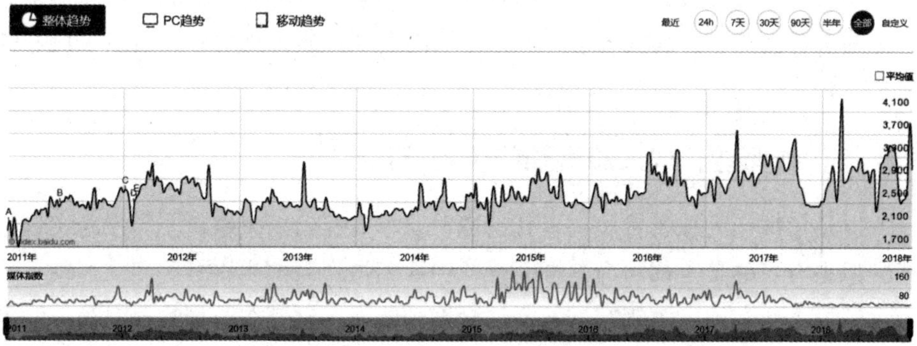

图 5-22　郴州百度搜索整体趋势

（来源：根据百度搜索指数绘制）

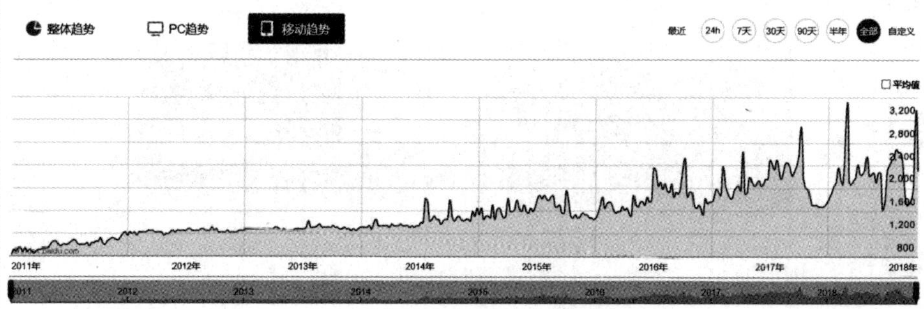

图 5-23　郴州百度搜索移动端趋势

（来源：根据百度搜索指数绘制）

一、前期的内容生产与影视积累

在郴州于移动端大火之前，郴州有着不错的前期内容生产与影视积累，其中郴州籍贯作家刘同的《谁的青春不迷茫》是一部畅销书，书中的故事是郴州故事，诸多的场景是郴州场景，这为郴州城市形象的传播打下了基础。

后来《谁的青春不迷茫》被光线传媒拍成校园青春片，于 2016 年 4 月 22 日在全国上映，这一部影片的票房达 1.76 亿元，算是当年一部不错的青春类影片。影片中许多拍摄场景也在郴州取景，从影视的角度拍出了郴州浓浓的怀旧风格，让郴州这个三线城市第一次出现在全国人民面前。

畅销书和青春电影作为前期内容生产，第一次将郴州浓浓的城市味道摆到了全国人民面前，并完成了郴州城市形象的前期积累，这为郴州营造了良好的文艺气息。

二、画面感、代入感极强的场景营造

这几年郴州的旅游发展也极其迅速，原本的莽山国家森林公园没有实现逆袭，但是有三处景点却因为其画面感、代入感强烈为郴州旅游重塑了形象。

一处是小东江，雾锁东江及渔人撒网的画面。雾锁东江是清晨时分，江雾升腾未散，从而笼罩江面的景象，与碧澈的水远处的青山形成一幅画面感极强的山水图。而当地景区又发现，这时候让一名渔夫驾船在江中撒网，能够让这幅山水画更显灵动，因此这一幅“雾锁东江渔人撒网画”开始被人所记录、传播（见图 5–24）。

图 5–24　雾锁东江渔人撒网

（来源：视觉中国）

第二处是高椅岭，高椅岭属原生态丹霞景区。这一景区得益于无人机拍摄技术的发展，在高空拍摄的高椅岭，才能发现它的魅力全貌，犹如龙脊、蔓延入水，栩栩如生，集奇、俊、险、秀于一体（见图 5–25）。当手机拍摄、手机录像成为主流后，这一景区呈现的强烈的画面感、代入性的刺激感就被人所接受和推崇。

图 5–25　高椅岭

（来源：视觉中国）

第三处是仰天湖草原。它是一处海拔高度 1350 米的高山草场，面积约 40 平方千米，拥有 20 余处湖泊，牧民将牛羊散养于此（见图 5–26），对于南方地区而言是不可多得的草原，被广东人称为离广东最近的草原。加上此处风力发电机形成的集群景观，整体的画面感也非常强烈，其独特性也非常强。

图 5–26　仰天湖草原

（来源：视觉中国）

这三处景观有明显的画面感、代入感，能带给人以惊奇感，而且极其容易复制拍摄，是非常难得的 PC 端传播和视频传播的良好素材，这成了郴州网红的形象转变的重要内容。

三、全民追捧抖音，产生大量城市原创内容

只有到了郴州才知道抖音在郴州的火爆程度，走在郴州的大街小巷，可以发现郴州的年轻人及普通民众对于抖音的高热度追捧，这一良好的基础催生了大量本地化的抖音视频原创者。这些人将郴州的景点景区、郴州的市井里弄、郴州的美食小吃等都一一上传至抖音视频，由于郴州本地浏览者的存在，这些抖音视频的生产者上传非常积极，点击量也很容易过万。

也正是有抖音市场的存在，让郴州的视频原创者能够将郴州城市的点点滴滴、方方面面在抖音这样一个全国性的平台上展现出来，从而实现了郴州在非官方途径的大量曝光，通过抖音平台让想了解郴州的人们能够迅速地切入到郴州的每一处细微，为现在的红火奠定了基础。

四、真正让郴州成为网红的是小红书

前期的文学作品及影视作品为郴州营造了一个初步改变了郴州工业小城的印象，抖音上郴州积累了大量的原创内容，但是这些都没有使得郴州开始网红，郴州的红来自另一个新媒体——小红书。

小红书是一个年轻人用来标记自己生活的一个新媒体软件，大量的初高中学生及大学生在使用小红书这一平台，小红书在进行注册时就会让用户必须选择四个兴趣社群作为标签，这就达到了明确社群圈层的目的。而对于新生代而言，明确的社群圈层是交往的基础，在社群圈层中获得认可是社交的基本需求，因此小红书为他们这一需求提供了良好的载体。

小红书的人群偏于初高中学生及大学生，比起小镇青年，他们更加精英化，因此小红书上的内容更加精致、更具有文艺范，没有那么张扬。而郴州的前期文艺积累，再次发掘的雾锁东江、山水丹霞、高山草原都符合一个文艺青年对于诗话般小城的畅想，从 2018 年 7 月开始，郴州在小红书广东的用户群中就开始升温了，虽然没有抖音之城重庆、西安那样来得热烈。但是郴州的这种升温在小红书上更加稳定、更加具有文化气质，已经慢慢地由简单的视频转

变成为游记为主的“图片+文字”的内容型生产，在整个广东省内这种传播开始在发酵，在高校学生、刚入职场的新人群，以及直播网红群中已经开始酝酿出来，在民宿平台、自由行平台中频繁出现了。

郴州的这种网红比起一夜之间的突然爆红将更加具有持续性，因为小红书的用户群体比起抖音来说更具有潜力、更具精英属性，随着这批人的成长、毕业，在这个平台上成长起来的用户将更具有消费潜力，郴州这种慢热型的网红也将更具有期待。

五、未来：郴州如何走

郴州走在逐步网红城市的道路上，这种转变尽管有点慢，但是却更加扎实，在广东旅游市场中郴州已经颇具知名度，那么具备网红性质的郴州未来如何走？

一个非常有意思的现象是郴州已经由三线小城开始具备文青小城性质了，那么它未来是否能够成为诸如大理一般的文青圣地呢？这是非常有想象力空间的。但就目前而言，如果将其定位为未来的“小文青圣地”，它还需要在以下方面加强。

第一，文艺类的内容生产还需要加强。未来的郴州如果要获得长足的发展，还是应当在文艺类方面进行更多的内容生产，加强郴州的文化底蕴发掘，产生更多根植于郴州的文学、艺术、绘画、摄影等方面的作品，尤其可以加强与影视的合作，让影视作品更多地展现郴州的文艺风貌，实现郴州的更多解读。

第二，本地风俗、历史文化、少数民族文化、牧民文化等郴州文化底蕴的挖掘还需要加强。目前可以看到的是，郴州市井文化被抖音充分挖掘，但是郴州的本地风俗、历史文化、少数民族文化、牧民文化这些更深层次的文化还没有被充分挖掘出来，只有将这些内容充分地进行发掘、创新，才有可能在未来有更多深层次项目发掘的可能性，否则很容易被别的模仿超越。

第三，文青类项目可以慢慢介入营造。一些文青类的项目可以依托景区进行相关的配置，如一些情怀类的民宿、小型的农场等，一些慢生活的项目也可以展开布置，让郴州的文艺性的元素逐渐增加，适应广东省年轻人的口味，做实“小文青圣地”的概念。“郴州——让时光在这里停一会儿”。

结语

透过郴州，可以看到一个典型的非一线城市成为网红城市的过程，本地文化的支撑、合乎主要市场新生代需求的形象传播，以及小红书这一新媒体迅速崛起过程的助推，这些要素聚合在一起，然后引爆，成就了郴州这一网红城市。但它未来是否还能够持续成为网红城市，则需要更多的雕琢与挖掘。

第五节　阿拉善的网红城市之路

在2018年“十一”黄金周期间，有一个城市几乎从“十一”前开始直到“十一”结束一直爆红于抖音，这个城市就是阿拉善，那么爆火的内容是什么？阿拉善越野e族英雄会。整个“十一”期间，阿拉善旅游人数超过150万人次，汽车达50万辆。来自阿拉善左旗统计局的数据显示，仅国庆节当天，主题乐园的入园车辆已达到23200车次，入园游客达到92800人次。阿拉善从偏居一隅的小城，到霸屏抖音的网红城市，它有何可以借鉴的经验？最重要的就是圈层化社区的落地与做大做强的培育。

一、越野e族论坛与越野圈子

说到阿拉善的越野e族英雄会就不得不提越野e族论坛。越野e族是中国著名的汽车类资讯与社区网站，越野e族起源于2000年，正式成立于2002年。

越野e族是国内越野的圈子论坛，随着这个圈子论坛壮大，形成了越野、自驾、改装、赛事等不同的圈层，在这些领域聚集的粉丝大V等成就了越野e族在圈内的地位。从已有的数据来看，越野e族是一个高度活跃的粉丝社群。据公开数据显示，2012年第一季度，越野e族网站主页——FBLIFE.COM资讯主页的流量约520万PV/天；由论坛、微博、个人中心等板块组成的大社区总流量约1600万PV/天，最高在线137000人，日均在线90000人，日均发帖量31000帖。崇尚理想主义的FBLIFE网站一直在低调中稳健发展。

此外，越野 e 族论坛的分享、自由、互助、传帮带等社群特性，以及低商业氛围，使得它从诞生一直到现在都在引领着越野的潮流，在网上的圈层关系稳固，对年轻人的吸引方面也非常强烈，越野 e 族在这一方面形成了非常强的黏合性。

二、阿拉善越野 e 族英雄会

越野 e 族在网络上凝聚了一大批忠实的粉丝，但虚拟网络的交流难以形成现实中的紧密联系，因此从 2006 年开始，越野 e 族开始将圈层社区的线上活动向线下延伸，第一届越野 e 族英雄会落地赤峰市翁牛特旗，当时仅有 16 支队伍参加。2008 年、2009 年越野 e 族英雄会在杭锦旗库布其沙漠七星湖景区举行。大赛规模越来越大，2010 年在河北张家口崇礼举行，参与人数达 3000 人，参与车辆达 1500 多辆。

自 2011 年英雄会落户阿拉善以来，在阿拉善当地政府、企业、社会的共同努力下，从此开启了阿拉善与越野 e 族英雄会的常态化合作。

2011 年，内蒙古阿拉善左旗东南的腾格里沙漠举办越野 e 族第六届英雄会，会员 5000 余人，参赛车队 180 余支，赛车 540 辆，观光车 3000 辆。

其后越野 e 族英雄会固定在阿拉善举行，随着中国车友圈的壮大，这个由社群圈层走出的聚会规模越来越大。到 2016 年第 11 届阿拉善英雄会，累计入园车辆已达 30.8 万台次、人数 93.36 万人次，实现旅游收入 5.42 亿元，比 2015 年分别增长 197%、153% 和 171%。而且随着越野 e 族的影响力逐渐超越越野本身的圈层，在互联网上这种影响力越来越大，最终随着直播时代的到来而走红。

三、阿拉善英雄会的搜索特征与圈层超越

2018 年“阿拉善英雄会”的百度搜索指数在“十一”期间达到了接近 40000（见图 5–27），移动端的搜索指数趋势与之是一致的（见图 5–28）。而很难得的是 PC 端的搜索指数也是在逐年上升（见图 5–29），并且在 2018 年“十一”期间达到了最高。这说明阿拉善英雄会已经成为一个超越年龄阶层的活动，成为广泛接受的一个活动。

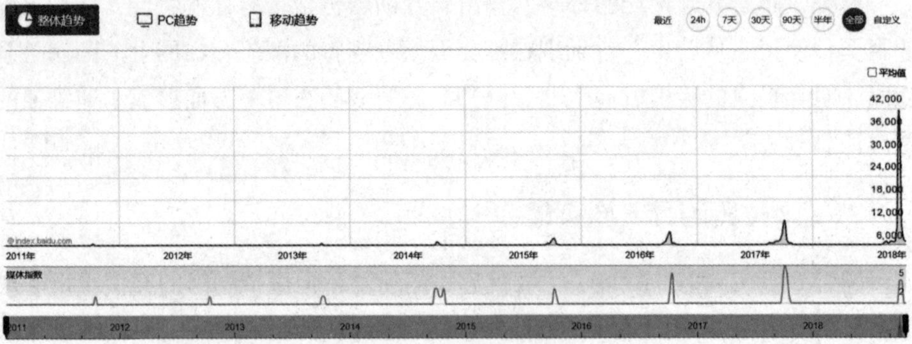

图 5-27 阿拉善英雄会百度搜索指数整体趋势

（来源：百度搜索指数）

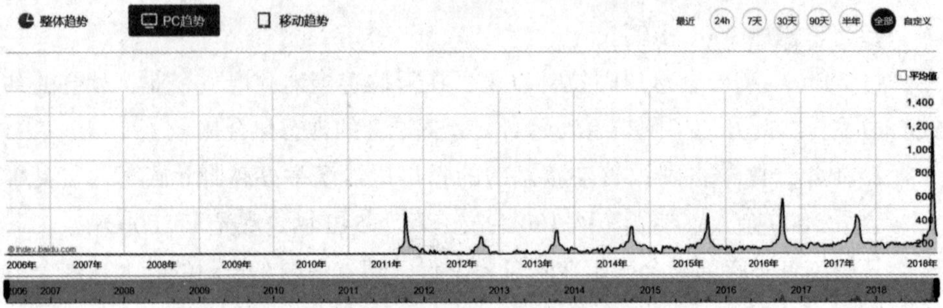

图 5-28 阿拉善英雄会百度搜索指数 PC 端趋势

（来源：百度搜索指数）

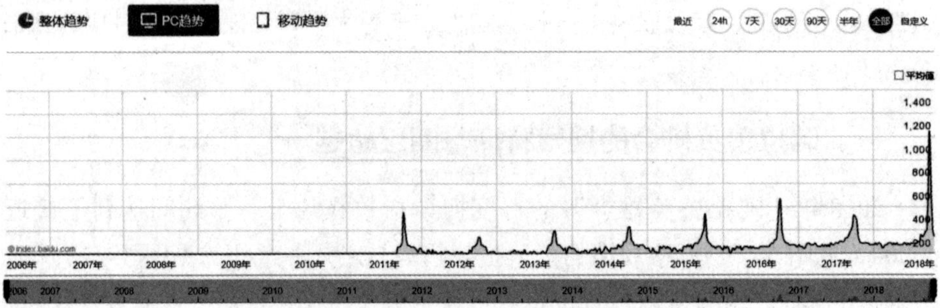

图 5-29 阿拉善英雄会百度搜索指数移动端趋势

（来源：百度搜索指数）

从阿拉善英雄会搜索指数的年龄阶段可以看出，除了 20 岁以下、50 岁以上的人群，20~50 岁三个年龄阶段都是非常喜欢阿拉善英雄会的。从性别分布来看，搜索者中 77% 为男性，23% 为女性（见图 5–30）。由此可见，这是一个以男性为主导的社群圈层。而从全国来看，阿拉善英雄会已经成为全国性的普遍性的活动，尤其是在北方地区影响力巨大。在南方地区广东、四川、江苏、浙江、湖北、湖南等地区的影响力也非常巨大。

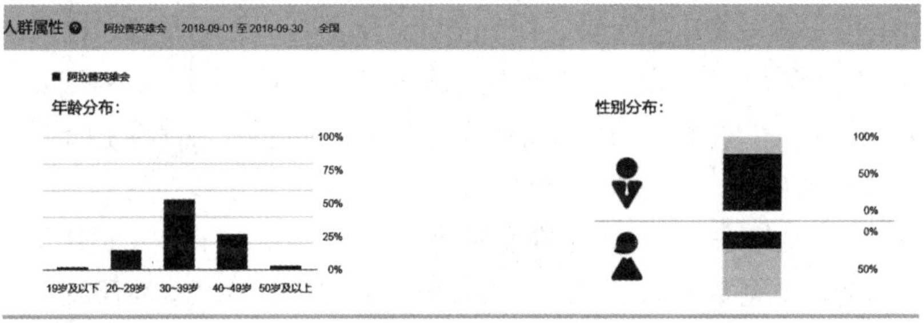

图 5–30 阿拉善英雄会搜索人群年龄分布及性别构成

（来源：百度搜索指数）

而阿拉善英雄会的需求图谱能够明显地看到新媒体对于超越圈层的巨大贡献，“十一”期间阿拉善长期霸榜抖音，而在需求图谱中，斗鱼、虎牙等平台也成了需求图谱中的热门增长词汇（见图 5–31），说明了视频对于热点的跟进与炒作的巨大作用。

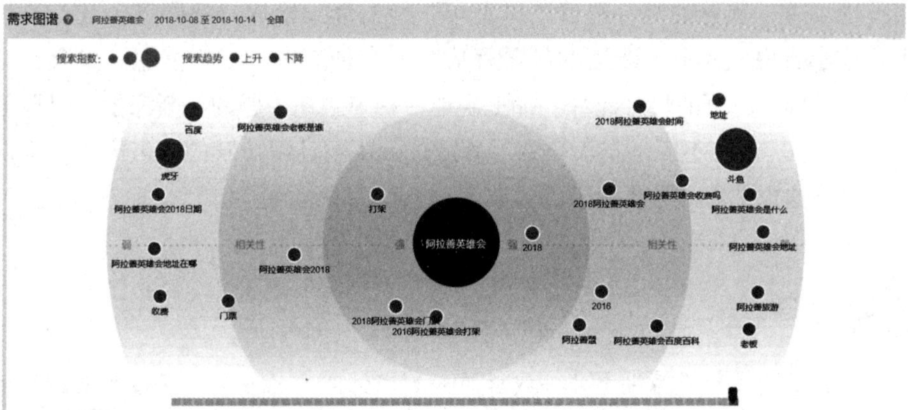

图 5–31 阿拉善英雄会需求图谱

（来源：百度搜索指数）

四、阿拉善做对了什么

阿拉善成了名副其实的网红城市，那么阿拉善做对了什么？

阿拉善在一个正确的时间，与一个社群圈层建立了一种良好而稳固的合作关系，而且这个社群圈层是在逐步成长而非逐步萎缩的，其后整个城市形象的发展便伴随社群圈层的发展而变化。

新生代有许多的社群圈层，各个圈层有着不同的兴趣领域，这些领域有些会不断地发展壮大，最终成为能够超越圈层，并能够引领社会风潮。例如，近年来二次元从小众圈层，逐渐发展为一个庞大的群体，并带动了诸如动漫、cosplay 等一系列的产业发展。同样的，电竞也从一个小圈层的娱乐，发展成为一种全民性的娱乐。这些圈层在发展的过程中，网络是根本，但线下的交流与线下的活动也是重要的形式。如果有城市能够在这些社群圈层发展较为成熟，并走向现实的过程中，能加以扶持，与社群圈层共同成长，这个城市很可能获得社群发展超越圈层的红利。未来在这种圈层大发展的过程中，前期的些许投入，都能够在后期获得非常大的回报，甚至能够彻底地改变原有的发展形象。可以说这是一种小而持续的投入，但能够最终获得城市形象大改变的路径。

在阿拉善的案例中，在越野 e 族自驾车强势崛起的过程中，阿拉善及时地进行了介入，并建立了虚拟社区固定的线下活动基地，使之成为社群发展的现实圣地。可以预见的是，随着中国有车一族的继续增加，社群将会进一步壮大，追求自由、奔放、豪迈的越野赛成为汽车拥有者的终极梦想。大漠、蓝天、沙海成了越野的最好诠释。加上当地活动与当地主题的不断深挖，对标美国的“火人节”，不断地扩大自由、奔放这一主题，阿拉善的城市形象还将得到升华，这也是城市形象提升的经典案例。

结语

阿拉善的爆红是另一个非一线城市成为网红城市的案例，通过典型的新生代圈层的认可、圈层活动的线下发展，以及借助抖音的一夜爆红，阿拉善验证了网红城市的打造有迹可寻，也激励着诸多城市的继续探索。

致 谢

本书得以出版，要感谢在本书撰写过程中，方方面面给我以帮助的人及机构。

首先要感谢深圳大学给我以宽松的环境，能够让我在自己喜欢的领域中畅所欲言。

感谢我的太太、女儿及家人的支持，是他们让我有时间能放下家中事务，专注于本书的撰写。

感谢行业内的各位朋友支持，在本书撰写过程中与我展开诸多探讨，他们是刘全铭、贾辅、邓江华、时玉亮、覃江华、韩志军、兰永强、秦川、许新立、黎杨斌、李紫、樊喜乾、张鹏远、汪志军、何向东、王仁、陈军、游清、古谷、刘刚……还有太多的朋友未能一一列出。他们或是主管企业的高层领导，或是规划院所的负责人，或是一线操盘的行业精英，他们给了我写作的素材，并与我进行诸多探讨，提出了诸多的建议，是本书的一个个论点的实践者，没有他们同行，就没有此书的成形。

感谢旅游管理部门的张聪前辈、孙欣欣主任、胡咏君副主任、周志红秘书长……诸位领导给了此书高屋建瓴的建议。

感谢《中国旅游报》张枚老师、品橙旅游金靖诺编辑、凤凰网旅游频道许玥总编及张致宁编辑、《重庆商报》罗敏记者、劲旅网陈杰主编、《时代周刊》吴怡，谢谢诸位在素材及文字方面给予的指正。

感谢深圳大学陈民盛主任、唐振华主任、谷雪儿主任、杜鹏老师、林训涛老师，暨南大学董观志老师，中国旅游研究院蒋依依老师，江西财大邢亮老师，谢谢诸位老师在本书成书过程中给予的学术建议。

感谢博看文旅公众号的彭晓星、张宝婧、陈宥蔓、周耀锴、林思君、郭卓浩等伙伴的支持，在文章排版、发布等事宜上为我解决了诸多的问题。

感谢中国旅游出版社的段向民、张芸艳老师在本书出版前后给予的诸多帮助。

还有太多的人、太多的机构给予了我太多的帮助，对本书的成形起到了关键性的作用，在这里未能一一列举，谢谢诸位！

有幸能与诸位在行业内共同探索，有幸能将观察及所感阐述，有幸能够将所思所想付梓出版，幸甚之至！愿与诸位共同在旅游业中砥砺前行，继续探索！

谢谢！

刘杰武于荔园

2019 年 1 月 31 日